KB008010

340 러시아어로
쉽게 말하기

340 러시아어 **로** 쉽게 말하기

초판 1쇄 인쇄 2022년 5월 19일
초판 1쇄 발행 2022년 5월 29일

지은이	일리야 벨랴코프
발행인	임충배
홍보/마케팅	양경자
편집	김민수
디자인	정은진
펴낸곳	도서출판 삼육오 (PUB.365)
제작	(주)피앤엠123

출판신고 2014년 4월 3일
등록번호 제406-2014-000035호

경기도 파주시 산남로 183-25
TEL 031-946-3196 / FAX 031-946-3171
홈페이지 www.pub365.co.kr

ISBN 979-11-90101-93-6 13790
© 2022 일리야 & PUB.365

· 저자와 출판사의 허락 없이 내용 일부를 인용하거나 발췌하는 것을 금합니다.
· 저자와의 협의에 의하여 인지는 붙이지 않습니다.
· 가격은 뒤표지에 있습니다.
· 잘못 만들어진 책은 구입처에서 바꾸어 드립니다.

340 [뜻] 3색 테마 × 40가지 패턴으로 배우는

러시아어 로

쉽게
Это
действительно
легко.

말하기

입문 초급 중급 심화

::::::: Pub.365

머리말

러시아어는 배우기 매우 어려운 언어라고 흔히 알려져 있는 것 같습니다. 한국어에는 없는 발음도 많고, 문법 체계가 다르기도 하며, 영어 알파벳에 익숙한 학습자들에게 러시아의 키릴 문자는 생소해 보이기만 합니다. 러시아어가 세계 각국에 존재하는 여러 언어 중에 쉬운 언어에 속하지 않는다는 점은 맞는 말이지만, 그렇다고 배우기 불가능할 정도로 너무 어렵다는 말도 과장된 인식이라고 생각합니다.

10년 가까이 한국인 학생들에게 러시아어를 가르치고 보니, 많은 학습자들이 가장 어려워하는 공통 내용들이 눈에 들어오기 시작했습니다. 특정한 문법, 특정한 표현 등이 한국어의 논리와 달랐던 것입니다. 이러한 부분에 특별히 집중해서 가르치다 보니까 자연스럽게 관련 교육 자료가 쌓이기 시작했습니다. 언젠가 우리 학생들이 많이 어려워하는 내용을 모아서 러시아어 교재를 써야겠다고 생각했고, 마침내 그 결실을 이렇게 발간하게 되었습니다.

이 책은 러시아어 문법과 단어를 단순 나열하지 않고 패턴을 통해 소개하는 식으로 구성되어 있습니다. 길고 복잡한 설명보다 눈에 딱 들어오는 패턴은 이해하기 쉽고 따라 하기에도 좋습니다. 러시아어의 기초를 완벽하게 다지기 위해 준비한 120가지 패턴과 러시아어 심화 학습에도 든든한 기반이 되어줄 지식을 모두 한 권에 넣었습니다. 또한 부가자료로 제공되는 원어민 음성 파일과 무료 영상 강의를 활용해서 학습하면 러시아어에 대한 이해가 한층 더 튼튼해질 것으로 믿습니다. 단, 시험 위주로 공부하는 분들이나 대학 졸업을 목적으로 하는 학습자보다는 러시아어에 관심이 많아서 처음부터 천천히 배워보고 싶거나 배워본 적 있으나 지식을 체계화하고 싶은 학습자 대상으로 집필했음을 참고 바랍니다.

러시아어 속담 중에 Волков бояться – в лес не ходить(늑대가 무서우면 숲 속도 못 들어간다)라는 말이 있습니다. 시작하지도 않은 일을 미리 무서워하면 결코 앞으로 나아갈 수 없다는 뜻입니다. 러시아어는 어렵고 공부하기에 고통스럽다는 편견을 버리고 당당하게 도전해 보셨으면 하는 마음으로 여러분을 환영합니다! 러시아어, 화이팅!

저자 **일리야 벨랴코프**

이 책의 특징

1. 러시아어 알파벳부터 시작해서 한 마디라도 바로 쓸 수 있을 만큼 **쉽고 활용도 높아요.**

2. 심심한 문법을 나열하기보다 **패턴 식으로 소개**해 문장을 바로 만들 수 있어요.

3. 러시아 국기 **색상을 테마로 난이도를 구별**하여 차근차근 실력을 쌓아갈 수 있어요.

4. 학습자들이 많이 어려워 하는 **러시아어의 기본 문법과 어휘를 꼼꼼하게 체크**하고 준비했어요. 학습을 모두 완료하면 러시아어의 기초가 튼튼해져요.

5. 딱딱한 예문이 아닌 **일상에서 쉽게 만날 수 있는 주제별 대화**를 만날 수 있어요.

6. **복잡한 내용도 쉽게 풀어서 설명**하기 때문에 흥미를 잃지 않고 배울 수 있어요.

학습
방법

120개의 핵심 패턴을 익히고 그를 통해 문법과 어휘를 집중적으로 학습할 수 있도록 구성되어 있습니다.

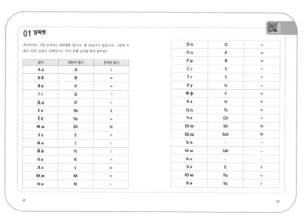

STEP I

본격적으로 러시아어를 배우기 전에 33개의 러시아어 알파벳을 학습하고 주요 발음 규칙, 공부의 TIP 등을 통해 기초적인 지식을 쌓을 수 있습니다.

* 기초 동영상 강의(러시아 공부 TIP & 알파벳) 무료 제공(QR코드)

STEP 2

본 교재는 러시아 국기 색상을 테마로 난이도를 구분해서 제시합니다. 첫 단계인 1~40과 하얀 단계에서는 러시아어의 기본 지식인 명사의 성과 수, 기본 동사의 활용법 등을 습득합니다.

* 25페이지 MP3 파일 등 QR코드 링크

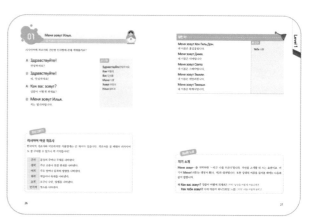

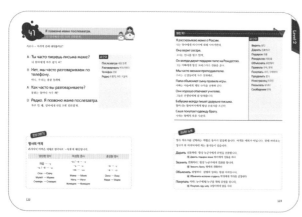

STEP 3

두 번째 단계인 40~80과 파란 단계에서는 한국인 학습자들이 가장 많이 어려워 하는 러시아어 동작 동사, 형용사 및 기본 문장 속 문법 등을 배웁니다.

* 121페이지 MP3 파일 등 QR코드 링크

* 홈페이지(www.pub365.co.kr) 도서자료실에서
학습자료 및 원어민 MP3를 무료로 다운로드할 수 있습니다.

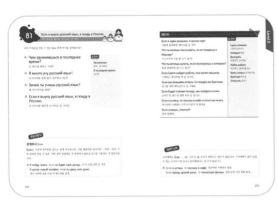

STEP 4

마지막 단계인 80~120과 빨간 단계에서는 동사의 시제, 명사 격조사의 다양한 활용법, 일상 생활에 필요한 기본 문법 등을 배웁니다.
* 217페이지 MP3 파일 등 QR코드 링크

STEP 5

매 10과마다 등장하는 연습문제를 통해 앞에 배운 내용을 다시 복습하는 기회를 갖습니다. 학습자가 배운 내용을 보다 더 효율적으로 관리할 수 있습니다.

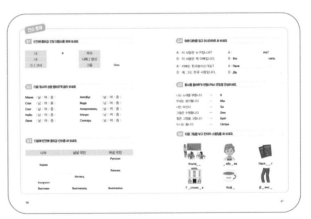

문법 데하기

러시아어 여섯 격조사

한국어의 격조사와 비슷하지만 사용법에는 큰 차이가 있습니다. 격조사를 잘 배워야 러시아어도 잘 구사할 수 있으니 꼭 기억합시다!

주격 문장의 주어나 주제를 나타낸다.

러시안 노트

자기 소개

Меня зовут…을 직역하면 '…라고 나를 부른다'입니다. 자신을 소개할 때 쓰는 표현이죠. 여기서 Меня(나를)는 대명사 Я(나, 저)의 대격입니다. 또한 상대의 이름을 물어볼 때에는 다음과 같이 말합니다.

STEP 6

매 과마다 있는 '러시안 노트'를 통해 원어민 선생님이 특히 강조하는 러시아 일상에서 주의할 사항, 특이한 어법 활용 케이스, 예외 TIP 등을 보다 재미있고 이해하기 쉽게 습득할 수 있습니다.

목차

INTRO
러시아어 **필수&기초** 지식!

LEVEL 1

БЕЛЫЙ

2

LEVEL

СИНИЙ

3

LEVEL

КРАСНЫЙ

01 알파벳

러시아어는 키릴 문자라는 알파벳을 씁니다. 모두 33글자가 있으며 그중에 자음은 21개, 모음은 10개입니다. 먼저 전체 글자를 한번 볼까요?

글자	라틴어 음가	한국어 음가
А а	A	ㅏ
Б б	B	ㅂ
В в	V	ㅂ
Г г	G	ㄱ
Д д	D	ㄷ
Е е	Ye	ㅖ
Ё ё	Yo	ㅛ
Ж ж	Zh	쥐
З з	Z	ㅈ
И и	I	ㅣ
Й й	Yi	ㅣ
К к	K	ㄱ
Л л	L	ㄹ
М м	M	ㅁ
Н н	N	ㄴ

О о	O	ㅗ
П п	P	ㅂ
Р р	R	ㄹ
С с	S	ㅅ
Т т	T	ㄷ
У у	U	ㅜ
Ф ф	F	ㅍ
Х х	H	ㅎ
Ц ц	Ts	ㅉ
Ч ч	Ch	ㅈ
Ш ш	Sh	쉬
Щ щ	Sch	쒸
Ъ ъ	-	ㅡ
Ы ы	Ue	ㅡ
Ь ь	-	ㅡ
Э э	E	ㅐ
Ю ю	Yu	ㅠ
Я я	Ya	ㅑ

02 알파벳 해석

• 모음

러시아어 모음 중 한글에 없는 모음은 없습니다. 한글처럼 모음을 짝으로 배우면 보다 더 쉽게 익힐 수 있을 것입니다.

А [ㅏ] 한국어의 '아'와 비슷한 발음   **Я** [ㅑ] 한국어의 '야'와 비슷한 발음

У [ㅜ] 한국어의 '우'와 비슷한 발음   **Ю** [ㅠ] 한국어의 '유'와 비슷한 발음

О [ㅗ] 한국어의 '오'와 비슷한 발음   **Ё** [ㅛ] 한국어의 '요'와 비슷한 발음

Э [ㅐ] 한국어의 '애'와 비슷한 발음   **Е** [ㅖ] 한국어의 '예'와 비슷한 발음

И [ㅣ] 힌국어의 '이'와 비슷한 발음

Ы [ㅡ] 한국어의 '으'와 비슷한 발음

• 자음

러시아어 자음은 한글과 다른 자음이 많아서 배울 때 주의가 필요합니다.
우선 러시아어의 모든 자음은 유성 자음과 무성 자음으로 나뉩니다.

유성 자음 : 목소리와 함께 발음하는 자음.
무성 자음 : 목소리 없이 발음하는 자음.

러시아어 자음 예외인 몇 글자를 제외하고는 모두 유성음 / 무성음 짝으로 이루어져 있습니다. 유성/무성 개념을 쉽게 이해하려면 일본어나 영어를 생각하면 됩니다.

유성 자음	무성 자음
Б б 영어의 'B'와 비슷한 발음 한국어의 '아버지' 할 때 'ㅂ' 발음과 유사 Бабушка [바부쉬까]	**П п** 영어의 'P'와 비슷한 발음 한국어의 '바다' 할 때 'ㅂ' 발음과 유사 Парк [빠르끄]
В в 영어의 'V' 발음과 유사 한국어에 없는 발음! Вода [바다]	**Ф ф** 영어의 'F' 발음과 유사 한국어에 없는 발음! Фото [포또]
Г г 영어의 'G' 발음과 유사 한국어의 '아기' 할 때 'ㄱ' 발음과 유사 Город [고랏]	**К к** 영어의 'K' 발음과 유사 한국어의 '가다' 할 때 'ㄱ'와 비슷한 발음 Книга [끄니가]
Д д 영어의 'D' 발음과 유사 한국어의 '하다' 할 때 'ㄷ'와 비슷한 발음 Друг [드룩]	**Т т** 영어의 'T' 발음과 유사 한국어의 '있다' 할 때 'ㄷ'와 비슷한 발음 Турист [뚜리스뜨]
Ж ж 영어와 한국어에 없는 발음! 약간 영어의 'Jam' 할 때 'J'와 비슷한 면이 있지만 완벽하게 동일하지 못함 Жена [줴나]	**Ш ш** 한국어에 없는 발음! 약간 영어의 'Shelter' 할 때 'Sh'와 비슷한 발음 Шапка [샵까]
З з 영어의 'Z' 발음과 유사 한국어의 없는 발음! Зонт [존뜨]	**С с** 영어의 'S' 발음과 유사 한국어의 '사다' 할 때 'ㅅ' 발음과 유사 Снег [스넥]

15

나머지 자음

그 외의 자음은 다음과 같이 정리할 수 있습니다.

Й й 모음 'И'(이)와 비슷하게 생겼지만 러시아어에는 자음 분류를 받고 자음 취급을 받는 음가입니다. 한글에 없는 발음이기 때문에 주의해서 외워야 합니다. 이 글자 이름은 '이 끄라프꼬예'인데 직역하면 '짧은 이'입니다. 모음인 'И'보다 짧게 발음해야 하고 소리 끝을 티 나게 멈춰야 합니다. 보통 외래어 명사 혹은 남성형 형용사에서 많이 볼 수 있는 글자입니다.

예) Большой [발쇼이] 크다　　　　Красивый [끄라시브이] 아름답다

Л л 영어의 'L'과 상당히 비슷한 발음입니다. 한국어의 '알다' 할 때 'ㄹ' 발음과도 비슷하게 들리기도 합니다.

예) Лобстер [롭스떼르] 랍스터　　　Волга [볼가] 볼가강

М м 영어의 'M'과 다름 없는 발음입니다. 한국어의 '마당' 할 때 'ㅁ' 발음과 상당히 유사하죠.

예) Москва [마스끄바] 모스크바　　　Имя [이먀] 이름

Н н 영어의 'N'과 다름 없는 발음입니다. 한국어의 '나라' 할 때 'ㄴ' 발음과 같은 소리죠.

예) Нога [나가] 다리　　　　　Ванна [반나] 욕실

Р р 러시아어를 배우는 한국 학습자들이 자주 무서워하는 발음이죠! 영어의 'R'이나 한국어의 '나라' 할 때 'ㄹ' 발음과 보다 많이 뚜렷하고 혀를 많이 굴려야 하는 발음입니다. 굳이 다른 나라 언어와 비교를 하자면 스페인어의 'R' 발음과 많이 비슷하다고 할 수 있습니다.

예) Россия [라씨야] 러시아　　　Корея [까례야] 한국

X x

영어의 'H' 발음, 한국어의 'ㅎ' 발음과 비슷하지만 이 둘보다 강하고 세게 발음합니다.

예) Хвост [흐보스뜨] 꼬리   Кухня [꾸흐냐] 주방, 부엌

Ц ц

한글에 없는 발음입니다! 없는 발음이기 때문에 본 책에서는 '쯔'라고 표시해 두었지만, 주의해서 배워야 합니다! 영어의 'ts' 발음에 가깝습니다.

예) Цирк [쯔르끄] 서커스   Яйцо [야이쪼] 계란

Ч ч

영어의 'Ch'와 비슷하고 한글의 'ㅈ'와 비슷한 발음이지만 약간 차이가 있습니다. 러시아어의 'Ч'는 한글의 'ㅈ'와 'ㅉ' 중간에 있다고 보면 될 것 같습니다.

예) Часто [차스따] 자주   Очки [아쮜끼] 안경

Щ щ

영어에도 한글에도 없는 발음입니다! 위에서 본 'Ш' [Sh] 발음을 하되 보다 더 세게, 더 힘있게 발음해야 합니다. 한글에 없는 발음이기에 비교하기가 어렵지만 서울식 한국어의 '시청'을 발음할 때 'ㅅ'에 가깝다고 보면 좋을 것 같습니다.

예) Щека [쒜까] 뺨   Вещи [베쒸] 짐, 물건

경음 부호와 연음 부호

러시아어에는 발음이 없는 글자가 2개 있습니다. 바로 경음 부호와 연음 부호입니다. 두 부호는 항상 자음 뒤에만 붙으며, 부호가 붙은 자음은 발음이 바뀌게 됩니다. 즉 직전 자음의 소리가 달라지는 신호로 볼 수 있는 것이죠. 부호의 이름 그대로 경음 부호가 오면 직전 자음의 발음은 딱딱하게 발음해야 하고, 연음 부호가 오면 연음 부호 직전 자음을 부드럽게 발음해야 합니다.

Ъ ъ 경음 부호는 러시아어에서 거의 사라진 글자입니다. 경음 부호는 단어의 첫 글자일 수도 없고 마지막 글자일 수도 없습니다. 항상 중간에 있습니다. 정확한 발음의 원리를 이해하기 위해 아래 두 단어를 비교해 볼까요?

예) Обём [아뵴]   Объём [아비욤]

차이가 보이시죠? 첫 번째 단어의 경우 모음인 'ё'와 그 직전 자음인 'б'가 한 음절을 이루고 글자 그대로 읽힙니다. 반면 두 번째 단어에는 'ё'와 'б' 사이에 'ъ' 경음 부호가 있고 두 발음 사이에는 차이가 생겨 발음 자체가 달라집니다. 이 점을 꼭 주의해서 배워야 합니다.

Ь ь 연음부호 역시 단어의 첫 글자일 수는 없지만, 단어의 중간 또는 마지막에 올 수 있습니다. 항상 자음에 붙어 그 자음을 부드럽게 만들어줍니다. 한글에는 아예 없는 개념이라 낯설 수 있으므로 많이 듣는 연습을 통해서 익혀야 합니다. 언어학적 용어를 통해 '부드러운 자음'을 설명하자면, 자음을 그대로 발음하되 혀를 구강 천장에 최대한 붙여서 발음하는 것을 의미합니다. 그렇게 하면 발음이 덜 딱딱하고 부드러워지는 느낌이 납니다.

예) Мат [맛] 또는 [마뜨] 욕설   Мать [마티] 어머니

　　Угол [우골] 구석   Уголь [우골] 또는 [우골리] 석탄

* 연음 부호의 유무에 따라 단어의 의미까지 변하기 때문에 주의해서 발음해야 합니다.

03 발음 규칙

• 모음

러시아어는 한국어와 달리 강세(stress)가 있는 언어입니다. 단어의 모든 음절을 같은 세기로 발음하는 한국 학습자들에게는 강세가 어렵게 느껴질 수 있습니다. 러시아어의 강세는 상당히 중요한 역할을 하기에 주의해야 합니다. 강세가 있다는 표현은 하나의 단어 내에서 강세 받는 모음이 있고, 강세 받지 않는 모음이 있다는 뜻입니다. 강세 유무에 따라 모음이 다르게 발음이 되고 단어의 의미까지 달라지기 때문에 강세를 정확하게 알아둬야 합니다.

강세를 발음하는 TIP!
· 강세가 들어가는 모음을 더 길게 발음한다.
· 강세가 들어가는 음절 모음을 다름 음절보다 음을 더 높이 올린다.
· 해당 음절을 조금 더 큰 소리로 발음한다.
· 강세 받는 모음을 아주 뚜렷하고 정확하게 발음한다.

1 강세를 받는 모음은 발음을 그대로! 받지 않는 모음은 변한다!

강세를 받은 모음은 원래대로 뚜렷하게 발음합니다. 반면에 같은 단어 내에서 강세를 받지 않는 아래의 모음은 다르게 발음합니다.

$$O \rightarrow A$$
$$E \rightarrow И$$

'Молоко'(우유)는 음절이 3개이고 그 음절에 들어가는 모음은 셋 다 'o' (오)입니다. 하지만 이 단어 안에서 강세는 마지막 'o'에 빠지기 때문에 첫 번째 'o'와 두 번째 'o'는 사실상 'a'로 발음합니다.

예) Молоко   [몰로꼬] X   [말라꼬] O

    Декабрь   [데까브리] X   [디까브리] O

그 외의 모음은 변하지는 않지만 보다 약하고 짧게 발음해야 한다는 점을 주의합시다.

2 강세에 따라 달라지는 단어의 의미

같은 단어지만 강세에 따라 의미가 달라지는 경우가 있습니다. 강세를 잘못 발음하면 의도와는 전혀 다른 의미의 단어를 뜻하게 되니 주의해야 합니다.

예 **За́мок** [자목] 성, 캐슬　　**Замо́к** [자목] 자물쇠

　Му́ка [무까] 고문　　　**Мука́** [무까] 가루

　Ви́ски [비스끼] 위스키(술)　**Виски́** [비스끼] 관자놀이

정확한 강세를 어떻게 알 수 있어요?

러시아어에는 강세 표시를 따로 하지 않습니다. 러시아 사람들은 강세의 정확한 위치를 기본적으로 알고 있기 때문이죠. 물론 외국인 학습자용 교과서나 교재에서는 강세 표시를 하는 경우도 있습니다. 정확한 강세의 위치를 알고 싶으면 사전이나 인터넷을 참고해야 합니다.

'ё'는 항상 강세 받는 모음!

강세 팁입니다. 단어 내에 'ё' 글자가 들어가면 강세는 항상 그 'ё'에 들어갑니다!

Ёлка [욜까]　**Актёр** [아끄쬬르]

• 자음

자음은 단어 내에서의 위치에 따라 발음이 달라집니다.

1 단어 맨 마지막인 글자일 때

유성 자음이 단어의 맨 마지막 글자인 경우, 그 유성음과 쌍을 이루는 무성 자음으로 바뀝니다.

예 б → [п]　　Хлеб [흘렙], Клуб [끌룹]

　в → [ф]　　Напротив [나쁘로티프], Чехов [체호프]

　г → [к]　　Друг [드룩], Берег [베롁]

　д → [т]　　Город [고랏], Народ [나롯]

　ж → [ш]　　Муж [무쉬], Этаж [에따쉬]

　з → [с]　　Раз [라스], Арбуз [아르부스]

20

2 두 개의 자음이 연달아 나올 때

단어 내에서 자음 두 개가 연달아 나오면, 뒤에 있는 자음은 앞에 있는 자음을 자신과 같은 성질로 변화시킵니다. 즉, 유성음을 무성음으로 만들고 무성음을 유성음으로 만들어 준다는 거죠.

Автобус [압도부스] : 원래는 'в'가 유성음인데 뒤 자음은 무성음인 'т'이 나오기 때문에 'в'가 'ф'로 변합니다.

Экзамен [엑자몐] : 'к'는 무성음이지만 바로 뒤에 유성음인 'з'가 나오기 때문에 'к'도 유성음 짝인 'г'로 바뀝니다.

TIP! 유성음 / 무성음 자음을 잘 외워두면 러시아어 발음이 훨씬 쉬워집니다!

• 꼭 외워야 하는 예외 발음

예외적인 발음들이 있습니다. 많지는 않지만 미리 알아두는 게 좋습니다!

1 'С'와 'Ч'가 만나면 항상 'Щ' 발음으로 변화

Счастье [쌰스띠예]

'С'와 'Ч'가 한 단어 내에 함께 있을 때, 따로 발음되지 않고 하나의 'Щ' 발음으로 바뀝니다. 그래서 위 단어의 발음은 [스차스띠예]가 아닌 [쌰스띠예]가 됩니다. 이 두 글자가 함께 붙은 단어들은 많지 않습니다. 초급 학습자 단계에서 만날 수 있는 단어는 아래와 같습니다.

Счастье [쌰스띠예] 행복   Счёт [쑛] 계산서, 영수증   Расчёска [랏쑈스까] 빗

2 'Г' 발음이 두 모음 가운데에 오면 'В' 발음으로 바뀝니다.

이 규칙은 항상 그런 게 아니라 형용사 생격인 문법적인 어미에서만 나타납니다. 나중에 배우겠지만 러시아어 형용사와 대명사는 명사처럼 격 변화가 있습니다. 생격 조사는 '−ого'나 '−его'인데, 여기서 'г' 발음이 'в'로 바뀝니다.

예) Большого [발쇼워]

예외는 Сегодня!

'오늘'이라는 단어의 발음은 [세워드냐]입니다!

04 러시아어를 공부할 때 몇 가지의 TIP

1 본 도서에 나오는 러시아어에는 대부분 독음을 달지 않았습니다. 러시아어 발음을 한글로 표기하면 정확하지도 않을 뿐더러 한계가 있습니다. 그러므로 정확한 러시아어의 발음 연습을 위해 원어민 녹음 MP3 파일로 학습할 것을 **강력히 추천**합니다. 러시아어는 한국어와 많이 달라서 처음부터 정확하게 발음을 연습해야 합니다. 이를 대충하게 되면 나중에 바로잡기가 더욱 힘들어질 수 있으므로 주의가 필요합니다. 예를 들어, 러시아어의 Жизнь(삶, 인생)의 독음은 [쥐진]이라고 할 수 있습니다. 하지만 이 표기는 원어 발음과는 상당히 거리가 멉니다! 이 단어 내의 모음인 'и' 외에 나머지 모든 발음은 한글에는 없는 발음이기 때문에 정확하지가 않습니다.

2 본 도서는 러시아어 초보 학습자를 대상으로 쓰여졌습니다. 이 책에 나오는 120과의 학습을 모두 마치면 **러시아어의 기초 단계를 뗐다**고 볼 수 있습니다.

3 러시아어는 특히 전치사가 많이 발달된 언어입니다. 전치사는 항상 동사와 어우러져 문장에 나타나기 때문에 동사를 외울 때 한 단어씩 독립적으로 배우는 것보다는 그 **동사와 함께 나타나는 전치사를 함께 배우는 것**이 러시아어를 몇 배는 더 빠르게 배울 수 있는 좋은 방법입니다. 예를 들어, Зависеть = '의존하다, 달려 있다' 식으로 배우기보다는 Зависеть от = '…에 달려 있다' 하는 식으로 함께 학습하면 러시아어 실력이 배로 올라갈 것입니다.

4 러시아어 격조사를 배울 때에는 격조사의 문법적인 어미를 배우는 것도 중요하지만, 그 쓰임새를 배우는 것도 중요합니다. 한국어에도 격조사가 있으나 러시아어와는 자주 다르게 활용됩니다. 올바른 러시아어 학습을 위해 이러한 차이를 꼭 외우고 기억해야 합니다. 예를 들어, 한국어에서는 '누구**를**' 도와줍니다. 즉, '도와주다'라는 동사는 타동사이고 바로 앞에 대격 명사를 요구하는 것이죠. 그러나 러시아어에서는 '누구**에게**' 도움을 줍니다! 대격이 아니라 여격이 필요한 동사죠! 이러한 차이를 유의하면서 배우면 러시아어 실력을 많이 향상시킬 수 있습니다.

⑤ 모든 언어가 그렇겠지만, 외국어를 공부하면서 학습자들이 가장 어려워하고 자주 틀리게 되는 부분은 바로 자기 나라말에는 없는 문법이나 언어 개념들입니다. 한국어를 모어로 하는 학습자에게 러시아어 역시 그렇습니다. 한국 학습자들이 러시아어를 배울 때 **가장 자주 틀리는 내용**은 아래와 같습니다.

a) 격조사 사용:

위의 4번에서 언급한 것처럼 격조사는 한국어와 러시아어 모두에 있는 문법이지만 그 사용 방식이 달라 틀리는 경우가 많습니다. 예를 들어, '나는 뭐가 있다/없다' 형식의 문장이 그렇습니다. 한국어에는 이런 문장의 주어는 항상 '−은/−는' 조사로 취하고 소유 대상은 항상 주격으로 취합니다. '나는 형이 있다'라는 식이죠. 하지만 러시아어에서 이러한 문장의 주어는 항상 여격 조사가 활용됩니다! 한국어로 따지면 '나는' 형이 있는 게 아니라 '나에게' 형이 있는 거죠. 이처럼 격조사 특징을 잘 외워야 합니다.

b) 동사 상(완료/불완료):

동사의 상이라는 문법 개념은 한국어에는 없는 개념입니다. 말하는 순간과 동사가 의미하는 행동 사이의 관계를 나타내는 문법인데 한국어에는 없는 문법이다 보니 한국 학습자들은 어려워할 수밖에 없습니다. 이 부분은 특히 주의가 필요합니다.

c) 동작 동사 사용:

러시아어의 동작동사들은 다양하고 사용법도 한국어와는 다릅니다. 러시아어에서는 심지어 '내가 내 발로 가다'와 '교통 수단을 타고 가다' 할 때의 '가다'가 각각 다른 동사로 쓰입니다. 러시아어는 그만큼 매우 상세하고 세부 표현이 중요한 언어입니다. 그래서 처음 시작하는 학습자로서는 약간의 어려움을 느끼겠지만, 배우다 보면 러시아어만의 논리와 매력을 발견할 수 있죠.

이 책은 위의 세 가지 내용을 올바르게 학습할 수 있도록 유의하며 집필했으니 열심히만 하면 큰 어려움 없이 러시아어를 배울 수 있을 것입니다.

LEVEL 1

01 Меня зовут Илья.
내 이름은 일리야입니다.

러시아어의 격조사와 간단한 인사법에 관해 배워볼까요?

A : **Здравствуйте!**
안녕하세요?

B : **Здравствуйте!**
네, 안녕하세요!

A : **Как вас зовут?**
성함이 어떻게 되세요?

B : **Меня зовут Илья.**
저는 일리야입니다.

새 단어

Здравствуйте 안녕하세요
Как 어떻게
Вас 당신을
Меня 나를
Зовут 부른다
Илья 일리야

문법 더하기

러시아어 여섯 격조사

한국어의 격조사와 비슷하지만 사용법에는 큰 차이가 있습니다. 격조사를 잘 배워야 러시아어도 잘 구사할 수 있으니 꼭 기억합시다!

주격	문장의 주어나 주체를 나타낸다.
생격	주로 소유나 연결 관계를 나타낸다.
여격	주로 말이나 동작의 방향을 나타낸다.
대격	대상이나 목적을 나타낸다.
조격	도구나 수단, 방법을 나타낸다.
전치격	장소를 나타낸다.

패턴 꽉!

Меня зовут Хон Гиль Дон.
내 이름은 홍길동입니다.

Меня зовут Дима.
내 이름은 디마입니다.

Меня зовут Света.
내 이름은 스베타입니다.

Меня зовут Эмили.
내 이름은 에밀리입니다.

Меня зовут Такеши.
내 이름은 타케시입니다.

새 단어

Тебя 너를

자기 소개

Меня зовут…을 직역하면 '…라고 나를 부른다'입니다. 자신을 소개할 때 쓰는 표현이죠. 여기서 Меня(나를)는 대명사 Я(나, 저)의 대격입니다 또한 상대의 이름을 물어볼 때에는 다음과 같이 말합니다.

예 Как вас зовут? 성함이 어떻게 되세요? [직역: 당신을 어떻게 부릅니까?]

　　Как тебя зовут? 너의 이름이 뭐니?(반말 느낌) [직역: 너를 어떻게 불러?]

02 Я студент.

나는 학생입니다.

러시아어 대명사 체계와 남성형 명사에 관해 알아볼까요?

A : **Здравствуйте!**

안녕하세요?

B : **Добрый день!**

네, 안녕하세요!

A : **Вы турист?**

선생님은 관광객이신가요?

B : **Да, я турист.**

네, 저는 관광객입니다.

새 단어

Здравствуйте!
안녕하세요?

Добрый день!
안녕하세요! (좋은 하루입니다!)

Вы 당신, 선생님

Турист 관광객

Да 네

Я 나

문법 더하기

인칭대명사

단수		복수	
나	Я	우리	Мы
너	Ты	너희 / 당신	Вы
그 / 그녀	Он / Она	그들	Они

러시아어에는 '나' 또는 '저' 같은 구분이 없습니다. 그래서 윗사람과 이야기하든 친구와 이야기하든 편하게 **Я**를 쓰면 됩니다. 하지만 처음 만난 사람에게는 반말인 **Ты**(너)보다는 예의를 갖춘 **Вы**(당신)를 쓰는 것이 좋습니다.

Я турист.
저는 관광객이에요.

Ты студент.
너는 학생이야.

Он писатель.
그는 작가입니다.

Я учитель.
나는 선생님입니다.

Она журналист.
그녀는 기자입니다.

Он профессор.
그분은 교수이십니다.

Я блогер.
나는 블로거야.

Журналист 기자
Профессор 교수
Блогер 블로거
Учитель 선생님
Писатель 작가
Студент 학생

러시안 노트

명사의 성: 남성 명사

러시아어의 명사는 남성, 여성, 중성으로 분류됩니다. 명사의 성은 오로지 문법적인 분류임을 기억해 둡시다. 실제 명사가 가리키는 대상과는 상관이 없습니다. 명사의 성을 구분하는 가장 쉬운 방법은 단어의 맨 마지막 글자를 보는 것입니다.

남성형 명사를 예로 볼까요? 러시아어 남성 명사에는 대부분 어미가 없습니다. 즉, 자음으로 끝납니다. 일부는(연음부호) -ь로 끝나기도 합니다만, 이들 중 대부분은 -рь 또는 -ль로 끝나는 명사들입니다.

* 패턴 연습에 소개한 문장은 남성형 명사로만 구성되어 있습니다. 러시아어는 한국어의 '-은/는'이나 '-입니다' 같은 조사와 어미가 없어도 간단한 문장이 성립됩니다. (현재 시제의 대명사+명사)

03 Она кореянка.
그녀는 한국 사람입니다.

출신 국가를 말하는 방법과 함께 여성형 명사에 관해서도 배워볼까요?

A : **Кто она?**

그녀는 누굴까요?

B : **Она кореянка.**

그녀는 한국 사람입니다.

A : **А кто вы?**

그러면 선생님은요?

B : **А я русский.**

저는 러시아 사람이죠.

새 단어

Кто 누구
Она 그녀
Кореянка 한국인 여성
А 그러면, 그리고
Вы 당신, 선생님
Русский 러시아인 남성

문법 더하기

명사의 성: 여성형 명사

러시아어 여성형 명사는 대부분 모음으로 끝나거나 **−ь**(연음부호)로 끝납니다.

Россия 러시아   **Машина** 자동차

Корея 한국   **Ночь** 밤

Мама 엄마   **Книга** 책

* Папа(아빠)나 Дедушка(할아버지)처럼 친척을 호칭하는 명사는 모음으로 끝나지만 실제로는 남성을 뜻하기 때문에 문법적으로는 남성형 명사로 봐야 하는 **예외**입니다.

패턴 꽉! - - - - - - - - - - - - - - - - - -

Она студентка.
그녀는 여학생입니다.

Мама домохозяйка.
엄마는 주부예요.

Она американка.
그녀는 미국 사람입니다.

Бабушка русская.
할머니는 러시아 사람입니다.

Она американка.
그녀는 미국 사람이야.

Она японка.
그 여자는 일본 사람이에요.

새 단어

Студентка 여학생
Домохозяйка 주부
Врач 의사
Бабушка 할머니
Американка 미국 여성

러시안 노트

나라 말하기

Страна 나라	Мужчина 남성	Женщина 여성
Россия 러시아	Русский	Русская
Корея 한국	Кореец	Кореянка
Китай 중국	Китаец	Китаянка
Америка 미국	Американец	Американка
Япония 일본	Японец	Японка

호칭의 경우 남자는 -ц 여자는 -ка로 끝납니다. 모두 그런 것은 아니지만 대부분은 해당되니 기억해 두면 좋습니다.

* Корейский는 '대한민국과 관련된', '한국적인' 또는 '대한민국과 상관이 있는'이라는 뜻입니다. 결코 '한국인'을 뜻하는 단어가 아님을 주의합시다.

31

04 Ты американец?
넌 미국 사람이니?

질문하는 방법과 함께 중성형 명사에 관해서도 배워볼까요?

A : **Ты американец?**

넌 미국 사람이니?

B : **Да, я американец.**

응, 난 미국 사람이야.

A : **А ты?**

너는?

B : **А я кореец!**

난 한국 사람이지!

러시아어 질문

러시아어의 질문은 오로지 억양으로만 형성됩니다. 영어처럼 어순이 바뀌거나 보조 동사가 생기지 않는 것이죠. 그러므로 질문할 때는 올바른 억양으로 말해야 합니다. 의문문은 보통 문장의 끝을 올리면 되지만, 의도에 따라 강조점을 달리할 수도 있습니다. 같은 문장임에도 여러 질문을 만들 수 있는 것입니다. 이는 러시아어에서 매우 중요하므로 각별히 주의해야 합니다.

Ты американец? 내 앞의 상대방이 미국 사람인지 아닌지를 묻는 문장
Ты американец? 미국 사람이 '너'였다는 사실이 밝혀졌을 때 쓸 수 있는 문장

문장 끝의 억양을 올릴 때:

Ты американец?

넌 미국 사람이니?

Она врач?

그녀는 의사입니까?

Он писатель?

그는 작가인가요?

Ты студент?

넌 학생이야?

문장의 끝이 아닌 다른 단어의 억양을 올릴 때:

Ты американец?

미국 사람은 너야?

Она врач?

의사는 그 여자였어요?

Он писатель?

작가는 그 사람이었나요?

Ты студент?

학생은 너였어?

새 단어

Врач 의사

Писатель 작가

Студент 학생

명사의 성: 중성형 명사

러시아어 중성형 명사는 대부분 -о, -е로 끝납니다. 그리고 -мя로 끝나는 단어들 역시 중성형 명사입니다. 자주 쓰이지는 않으니 время(시간) 정도만 기억해두면 됩니다

Море 바다

Окно 창문

Время 시간

Кафе 카페

Облако 구름

Пальто 외투

05 Мы туристы.

우리는 관광객입니다.

러시아어 명사의 복수형에 관해서 알아볼까요?

A : **Кто вы?**

당신들은 누구예요?

B : **Мы туристы.**

우리는 관광객입니다.

A : **Они тоже туристы?**

그들도 관광객인가요?

B : **Нет, они не туристы.**

아니요, 그들은 관광객이 아니에요.

새 단어

Туристы 관광객
Тоже 역시, 또한
Нет 아니요
Не 아니(부정 조사)

문법 더하기

명사의 복수

러시아어 복수형은 다음과 같은 어미로 이루어집니다.

명사의 성	남성	여성	중성
복수 어미	-ы 또는 -и Турист → Туристы Врач → Врачи	-а → -ы 또는 -и -я → -и Виза → Визы Кошка → Кошки	-о → -а -е → -я Окно → Окна Море → Моря

패턴 꽉! -

Мы корейцы.
우리는 한국인입니다.

Они туристы?
그들은 관광객일까요?

Вы студенты?
너희들 학생이야?

Они врачи.
그들은 다 의사예요.

Мы журналисты.
우리는 기자입니다.

 러시안 노트

복수형 명사의 뜻과 사용

러시아어 복수형 명사의 뜻과 사용법은 한국어와 다르니 주의해야 합니다. 명사를 일반화할 때
나 카테고리 전체를 지칭할 때는 단수형이 아닌 복수형 명사를 사용해야 합니다. 이는 러시아어
를 공부하는 학생들이 자주 틀리는 내용 중 하나입니다.

예 Я люблю читать книги '나는 책들을 읽는 것을 좋아한다' (복수형 명사)

  * 일반적인 표현. 나는 독서를 솧아한다는 뜻.

예 Я люблю читать книгу '나는 책을 읽는 것을 좋아한다' (단수형 명사):

  * '내 눈 앞에 있는 바로 이 책을 읽는 것을 좋아한다'라는 뜻. 항상 똑같은 책 한 권만 읽고 산다는 의미
    가 되기 때문에 단수와 복수를 혼동하지 않는 것이 중요.

06 Это книга.

이것은 책입니다.

주어와 서술어로 이루어진 러시아어 문장 형식을 배워볼까요?

A : **Что это?**

이것은 무엇일까요?

B : **Это книга.**

이것은 책입니다.

A : **Кто это?**

이 사람은 누구예요?

B : **Это учитель.**

이 사람은 선생님이십니다.

새 단어

Что 무엇

Кто 누구

Книга 책

Учитель 선생님

문법 더하기

Это 문법

'이것은 무엇이다' 또는 '이 사람은 누구다' 같은 문장을 만들 때는 **Это** + 무엇/누구를 사용하면 됩니다. 한국어는 사람과 물건을 다르게 지칭하지만, 러시아어는 모두 **Это**를 사용합니다.

서술어는 남성형/여성형, 복수/단수형 상관없이 일괄적으로 사용됩니다. 단, 질문은 다르다는 것을 주의해야 합니다.

예 **Кто это?** 이 사람은 누구입니까?(사람 또는 동물에 관해 질문할 때)

Что это? 이것은 뭘까요?(물건에 관해 질문할 때)

Это паспорт.
이것은 여권입니다.

Это аптека?
저것은 약국일까요?

Это вода.
이것은 물이에요

Это автобус?
저것은 버스인가?

Это профессор.
이 사람은 교수이십니다.

Это врач?
저 사람은 의사인가요?

Это гостиница.
이것은 호텔입니다.

새 단어

Паспорт 여권

Аптека 약국

Вода 물

Автобус 버스

Гостиница 호텔

Журнал 잡지

Ресторан 식당, 레스토랑

Джинсы 청바지

Брюки 정장바지

러시안 노트

Это не ···, а ··· 문법

'이것은 A가 아니라 B다' 형식의 문장을 만들려면 Это не A, а B 문법을 사용하면 됩니다.

예 Это не книга, а журнал.　　　이것은 책이 아니라 잡지입니다.

Это не кафе, а ресторан.　　　이것은 카페가 아니라 식당이에요.

Это не джинсы, а брюки.　　　이것은 청바지가 아니라 정장 바지예요.

원어민 따라하기

Что와 Кто 외에 다른 의문사도 같이 배워볼까요?

Где	어디	Почему	왜
Когда	언제	Сколько	얼마나
Как	어떻게	Какой	어느, 어떤, 무슨

07 Это моя мама.
이 사람은 우리 엄마예요.

소유대명사와 함께 관련 표현법을 배워볼까요?

A : **Кто это?**

이 사람은 누구예요?

B : **Это моя мама.**

우리 엄마예요.

A : **Что это?**

이건 뭐예요?

B : **Это её сумка.**

그녀의 가방입니다.

새 단어

Моя 나의
Мама 엄마
Её 그녀의
Сумка 가방

소유 대명사

	남성	여성	중성	복수		남성	여성	중성	복수
나	Мой	Моя	Моё	Мои	우리	Наш	Наша	Наше	Наши
너	Твой	Твоя	Твоё	Твои	너희 / 당신	Ваш	Ваша	Ваше	Ваши
그 / 그녀	Его / Её	Его / Её	Его / Её	Его / Её	그들	Их	Их	Их	Их

3인칭 소유 대명사는 뒤에 붙는 명사의 성과 수에 영향을 받지 않고 동일한 형태로 쓰입니다.
하지만 1~2인칭 소유 대명사는 명사의 성과 수에 따라 형태가 변하므로 잘 외워둬야 합니다.

Это мой телефон.
이것은 내 핸드폰입니다.

Это моя книга.
이게 내 책이야.

Это наш учитель.
서 사람은 우리 선생님이에요.

Это его документы?
이게 그분의 서류인가?

Это её сестра.
저 사람은 그녀의 언니야.

Это твоя игрушка?
이게 너의 장난감이야?

Это ваш кофе.
이것은 당신의 커피입니다.

Это их обувь.
이건 그들의 신발이에요.

새 단어

Телефон 핸드폰
Документы 서류
Сестра 누나, 언니, 여동생
Игрушка 장난감
Обувь 신발
Багаж 짐, 캐리어
Пальто 외투
Место 자리, 좌석
Брат 형, 오빠, 남동생

러시안 노트

소유 대명사 의문사

남성형 의문사	여성형 의문사	중성형 의문사	복수형 의문사
Чей	Чья	Чьё	Чьи

이제 소유 여부에 관해서도 질문할 수 있겠지요?

예   Чей это багаж?   이 짐은 누구 거야?

Чья это обувь?   이 신발은 누구 거야?

Чьё это пальто?   이 외투는 누구 거야?

Чьи это документы?   이 서류는 누구 거야?

08 Я часто гуляю.
난 산책 자주 해.

단수 인칭(너, 그/그녀)에 따른 동사 변형을 배워볼까요?

A : **Ты гуляешь?**

너 산책해?

B : **Да, я гуляю.**

응, 나 산책해.

A : **Ты часто гуляешь?**

너 산책 자주 해?

B : **Да, я часто гуляю.**

응, 난 산책 자주 해.

새 단어

Часто 자주
Гулять 산책하다, 거닐다
Думать 생각하다
Знать 알다

문법 더하기

1식 동사 변형(단수 인칭)

모든 동사는 변형 방법에 따라 1식, 2식으로 나뉩니다. 1식 동사는 기본형이 **-ать /-ять**으로 끝나는 대부분의 동사를 말합니다. 가령 **гулять**(산책하다) **думать**(생각하다) **знать**(알다)가 있지요.

나	너	그 / 그녀
-ю	-ешь	-ет
Гулять – Гуляю	Гулять – Гуляешь	Гулять – Гуляет
Думать – Думаю	Думать – Думаешь	Думать – Думает
Знать – Знаю	Знать – Знаешь	Знать – Знает

Я читаю.
나는 읽는다.

Мама гуляет.
엄마는 산책하신다.

Ты делаешь.
너는 하고 있어.

Он думает.
그는 생각한다.

Она знает.
그녀는 알고 있어.

Я плаваю.
난 수용하고 있어.

Папа бросает.
아빠는 던지신다.

새 단어

Читать 읽다
Делать 하다
Плавать 수용하다
Бросать 던지다
Петь 노래하다
Пить 마시다

러시안 노트

Петь와 Пить 동사 변형

Петь(노래하다)와 Пить(마시다) 동사는 비슷해 보이지만 서로 다른 방법으로 인칭 변형된다는 점을 주의합시다. 또한 서로 어미는 다르지만 모두 1식 동사라는 점도 기억합시다.

나	Пою		나	Пью
너	Поёшь		너	Пьёшь
그 / 그녀	Поёт		그 / 그녀	Пьёт

09 Ты поможешь мне?

나를 도와줄래?

1식 동사의 변형을 배웁니다. 다른 1식 동사는 무엇이 있는지 볼까요?

A : **Ты поможешь мне?**

나를 도와줄래?

B : **Конечно!**

그럼, 당연하지!

A : **А я помогу тебе!**

그러면 내가 너를 도와줄게!

B : **Хорошо!**

좋아!

새 단어

Мне 나에게

Конечно
물론이지! 당연하지!

Тебе 너에게

Хорошо 그래! 좋아!

문법 더하기

1식 동사 변형

지난 8과에서 살펴본 동사 외에도 1식으로 분류되는 동사는 많습니다.

−**ти**로 끝나는 동사	**Идти** 가다
−**чь**로 끝나는 동사	**Помочь** 도와주다
−**ыть**로 끝나는 동사	**Открыть** 열다, **Закрыть** 닫다
−**сть**로 끝나는 동사	**Класть** 놓다
−**нять**로 끝나는 동사	**Обнять** 안다
−**еть**로 끝나는 일부 동사	**Уметь** 할 줄 알다

* 이 동사들은 변형 방식이 다르니 주의해야 합니다.

패턴 꽉! -

Друг скажет.
친구는 말한다.

Ты идёшь?
너 가니?

Я помогу.
내가 도와줄게.

Он откроет.
그는 열 거야.

Она кладёт.
그녀는 넣으신다.

Ты умеешь?
너 할 줄 아니?

Мама обнимет.
엄마는 안아줄 거야.

새 단어

Сказать 말하다
Идти 가다
Помочь 도와주다
Открыть 열다
Класть 두다, 놓다
Уметь 할 줄 알다
Обнимать 안다

러시안 노트

Я	Ты	Он / Она
-ю / - у	-ешь	-ет
Помочь – Помогу	Помочь – Поможешь	Помочь – Помогает
Идти – Иду	Идти – Идёшь	Идти – Идёт
Открыть – Открою	Открыть – Откроешь	Открыть – Откроет
Класть – Кладу	Класть – Кладёшь	Класть – Кладёт
Обнять – Обниму	Обнять – Обнимешь	Обнять – Обнимет
Уметь – Умею	Уметь – Умеешь	Уметь – Умеет

* -ыть로 끝나는 동사는 -ою, -оешь, -оет로 변형되는 점을 주의합시다.
* -сть로 끝나는 동사는 -ду, -дёшь, -дёт로 변형되는 점을 주의합시다.
* -нять로 끝나는 동사는 -ним+인칭 변형 어미로 바뀐다는 점도 기억해 둡시다.

10 Он прыгнет.

그는 뛸 거야.

1식 동사를 계속해서 배워볼까요?

A : Ты хорошо рисуешь?

너 그림 잘 그려?

B : Да, я хорошо рисую.

응, 잘 그리지.

A : Ты хорошо плаваешь?

수영은 잘 해?

B : Нет, я плохо плаваю.

아니, 수영은 잘 못해.

새 단어

Плавать 수영하다

Плохо 안 좋게, 잘 못하다

Думать 생각하다

Рисовать [그림을] 그리다

Лаять [개가] 짖다

Таять 녹다

Кашлять 기침을 하다

Полоть
[잡초]뽑다, 제초하다

Молоть
[가루를] 만들다, 빻다

Колоть 지르다

Тонуть
익사하다, 물에 빠지다

Сохнуть 마르다

Прыгнуть 뛰다

1식 동사 변형

1식 동사들을 다시 한번 정리해 볼까요?

대부분의 1식 동사

| –ать로 끝나는 동사 | плавать, думать, рисовать |
| –ять로 끝나는 동사 | лаять, таять, кашлять |

이외에 흔하지 않지만 알 필요가 있는 1식 동사

| –оть로 끝나는 동사 | полоть, молоть, колоть |
| –нуть로 끝나는 동사 | тонуть, сохнуть, прыгнуть |

패턴 꽉!

Я плаваю.

나는 수영한다.

Мы думаем.

우리는 생각해.

Мама рисует.

엄마는 그림을 그려요.

Собака лает.

개는 짖는다.

Снег тает.

눈이 녹아요.

Вы кашляете.

여러분 기침을 하는군요.

Ты прыгнешь.

넌 뛴다.

새 단어

Собака 개, 강아지

Снег [내리는] 눈

러시안 노트

동사가 1식인지 2식인지 구분할 수 있는 확실한 방법은 강세를 확인하는 것입니다. 1식 동사 변형 어미는 항상 -e로 끝난다고 배웠죠? 여기서 숭요한 섬은 이와 같은 어미는 비상세(상세늘 맏지 못한) 어미들이라는 것입니다. 즉, 1식 변형 동사의 강세는 -e 어미가 아닌 다른 곳에 있습니다. 러시아 원어민이 아닌 학습자에게는 다소 어려울 수 있는 내용이지만 우선은 기억해 두는 것이 좋습니다!

Q1 빈칸에 들어갈 인칭 대명사를 채워 보세요.

나	Я	우리	
너		너희 / 당신	
그 / 그녀		그들	Они

Q2 다음 명사의 성을 올바르게 골라 보세요.

Мама	(남 / 여 / 중)	Автобус	(남 / 여 / 중)
Стол	(남 / 여 / 중)	Вода	(남 / 여 / 중)
Снег	(남 / 여 / 중)	Американец	(남 / 여 / 중)
Небо	(남 / 여 / 중)	Метро	(남 / 여 / 중)
Папа	(남 / 여 / 중)	Словарь	(남 / 여 / 중)

Q3 다음에 빈칸에 들어갈 단어를 써 보세요.

나라	남성 국민	여성 국민
		Русская
Корея		
		Японка
	Китаец	
Америка		
Вьетнам	Вьетнамец	Вьетнамка

아래 대화를 읽고 러시아어로 써 보세요.

A : 이 사람은 누구입니까?   A : _____ это?

B : 이 사람은 제 아빠입니다.   B : **Это** _____ **папа.**

A : 아빠는 한국분이신가요?   A : **Папа** _____ .

B : 네, 그는 한국 사람입니다.   B : **Да,** _____ .

Q5 **동사를 올바르게 변형시켜서 문장을 완성하세요.**

나는 노래를 부릅니다	→	**Я** _____
우리는 생각합니다	→	**Мы** _____
너는 마신다	→	**Ты** _____
그들은 수영합니다	→	**Они** _____
형은 그림을 그립니다	→	**Брат** _____
누나는 돕니다	→	**Сестра** _____

Q6 **다음 그림을 보고 단어의 스펠링을 써 보세요.**

Учите_____

абу__ка

Пасп____т

Г__стини__а

Коф____

Д__инс____

47

Q1

나	Я	우리	Мы
너	Ты	너희 / 당신	Вы
그 / 그녀	Он / Она	그들	Они

Q2

Мама	여	Автобус	남
Стол	남	Вода	여
Снег	남	Американец	남
Небо	중	Метро	중
Папа	남	Словарь	남

Q3

나라	남성 국민	여성 국민
Россия	Русский	Русская
Корея	Кореец	Кореянка
Япония	Японец	Японка
Китай	Китаец	Китаянка
Америка	Американец	Американка
Вьетнам	Вьетнамец	Вьетнамка

Q4

A: Кто это?

B: Это мой папа.

A: Папа кореец?

B: Да, он кореец.

나는 노래를 부릅니다 → **Я <u>пою</u>**

우리는 생각합니다 → **Мы <u>думаем</u>**

너는 마신다 → **Ты <u>пьёшь</u>**

그들은 수영합니다 → **Они <u>плавают</u>**

형은 그림을 그립니다 → **Брат <u>рисует</u>**

누나는 돕니다 → **Сестра <u>кладёт</u>**

Учите<u>л</u>ь, Бабу<u>ш</u>ка, Паспо<u>р</u>т, <u>Г</u>остини<u>ц</u>а, Кофе, Джинс<u>ы</u>

 **11** Я читаю книгу.

나는 책을 읽어요.

명사의 대격, '누가 무엇을 한다' 형식의 문장을 배워볼까요?

A : **Что ты делаешь?**

너 뭐하고 있어?

B : **Я читаю книгу. А ты?**

책 읽고 있어. 너는?

A : **А я слушаю музыку.**

나는 음악 듣고 있어.

새 단어

Делать 하다

Читать 읽다

Книга 책

Слушать 듣다

Музыка 음악

Сумка 가방

Семья 가족

Стол 책상

Море 바다

Деньги 돈

 문법 더하기

명사의 대격 1

대격은 동사의 대상을 가리킬 때 씁니다. 한국어의 '–을/를'에 해당하죠. 대격은 목적어가 물건인지 생명체인지에 따라 다르게 쓰입니다. 먼저 물건을 가리키는 경우를 배워볼까요?

남성형 명사	여성형 명사	중성형 명사	복수 명사
어미 변화 없음 Стол → Стол	-а → -у -я → -ю Сумка → Сумку Семья → Семью	어미 변화 없음 Море → Море	어미 변화 없음 Деньги → Деньги

패턴 쫙! -

Я делаю задание.

나는 과제를 하고 있어.

Мама поёт песню.

엄마는 노래를 하고 있어요.

Дедушка читает газету.

할아버지는 신문을 읽으신다.

Сестра несёт сумку.

누나는 가방을 들고 가고 있어요.

Ты пишешь письмо?

너 편지를 쓰니?

Я открою окно.

나는 창문을 열게.

Он скажет правду.

그는 진실을 말할 거야.

Она слушает оперу.

그녀는 오페라를 듣고 있어요.

새 단어

Задание 과제, 숙제

Песня 노래

Газета 신문

Письмо 편지

Правда 진실

Опера 오페라

러시안 노트

접속사 A

접속사 A는 대립/대조 관계를 표현하는 데 쓰입니다. 아래의 예문에서 볼 수 있듯이 한 문장 안에서 두 성분 또는 두 문장의 대립 관계를 나타냅니다.

예 Я читаю книгу. А что делаешь ты? 나는 책을 읽는데 넌 뭐하고 있어?

Я слушаю музыку. А ты? 나는 음악을 듣고 있어. 너는?

Я пишу письмо. А она? 나는 편지를 쓰고 있어. 그녀는?

12 Ты хорошо знаешь Ивана?
너는 이반을 잘 알고 있어?

계속해서 명사 대격입니다. 대상이 사람일 경우 명사는 어떻게 변형되는지 알아볼까요?

A : **Ты хорошо знаешь Ивана?**

너 이반을 잘 알아?

B : **Да, очень хорошо.**

응, 아주 잘 알지.

A : **Кто он?**

그는 뭐하는 사람이야?

B : **Он футболист. Вратарь.**

그는 축구 선수야. 골키퍼야.

새 단어

Хорошо 잘, 좋게
Очень 매우, 아주
Футболист 축구 선수
Кот 고양이
Вратарь 골키퍼

명사의 대격 2

대상이 사람일 경우의 명사의 대격 변화를 같이 볼까요?

남성형 명사	여성형 명사	중성형 명사	복수 명사
자음 → -а -й /-ь → -я Кот → Кота Вратарь → Вратаря Сергей → Сергея	-а → -у -я → -ю Мама → Маму Семья → Семью	어미 변화 없음 Море → Море	어미 변화 없음 Деньги → Деньги

* 중성형 명사는 말 그대로 중성이기 때문에 생명체인 경우는 아예 없습니다.

52

Я знаю Дмитрия.

나는 드미트리를 알아.

Мама обнимает кота.

엄마는 고양이를 안고 계셔.

Он читает Пушкина.

그는 푸쉬낀을 읽는다.

Ты знаешь вратаря?

너 골키퍼를 알아?

Бабушка одевает ребёнка.

할머니는 아이에게 (옷을) 입히신다

Папа слушает сына.

아빠는 아들 (말)을 듣고 계신다.

새 단어

Одевать 옷을 입히다

Ребёнок 아이

Сын 아들

Учитель 선생님

Зверь 동물

Бог 하나님

Демон 악마

러시안 노트

생명체에 속하는 것으로는 사람, 동물, 식물이 있습니다. 그래서 사람이나 직업, 동물을 가리키는 명칭 혹은 고유 명사 등도 러시아어 문법에서는 모두 생명체 카테고리 안에 속합니다. 재미있는 점은 외계인, 신, 유령, 귀신, 도깨비와 같은 우리의 상상 속에만 존재하는 것들도 문법적으로는 생명체 취급을 받는다는 사실입니다. 또한 남성형 명사일 경우에는 대격 조사가 바뀝니다.

Учитель → Учителя

Бог → Бога

Зверь → Зверя

Демон → Демона

 **13** Ты помнишь Лену?
너 레나를 기억하니?

이제 2식 동사의 변형에 관해 알아볼까요? 먼저 단수 인칭부터 배워봅시다.

A : **Ты помнишь Лену?**

너 레나를 기억해?

B : **Конечно! Очень хорошо.**

그럼! 잘 기억하지.

A : **Почему?**

왜?

B : **Я вижу Лену каждый день.**

레나를 매일 보잖아!

새 단어

Помнить 기억하다
Учить 가르치다
Звонить 전화하다
Каждый день 매일

문법 더하기

2식 동사 변형 (단수 인칭)

2식 동사는 **–ить**로 끝나는 동사를 말합니다.

Я	Ты	Он / Она
–у / –ю	–ишь	–ит
Помнить → Помню	Помнить → Помнишь	Помнить → Помнит
Учить → Учу	Учить → Учишь	Учить → Учит
Звонить → Звоню	Звонить → Звонишь	Звонить → Звонит

Ты помнишь Лену?

너 레나를 기억하니?

Папа учит сына.

아빠는 아들을 가르친다.

Я вижу Сашу каждый день.

나는 매일 사샤를 본다.

Я сейчас смотрю фильм.

나 지금 영화를 보고 있어.

Брат много говорит.

형은 말을 많이 해.

Ты слышишь голос?

너 목소리 들려?

Бабушка хвалит внука.

할머니는 손자를 칭찬하신다.

새 단어

Сейчас 지금
Фильм 영화
Много 많이
Говорить 이야기하다
Голос 목소리
Хвалить 칭찬하다
Внук 손자

러시안 노트

1식 동사는 인칭 변형할 때 어미에 −е−가 들어가고, 2식 동사는 −и−가 들어갑니다. 그래서 1식 동사를 Е−동사로, 2식 동사를 И−동사로 부르기도 합니다.

	Е−동사(1식)	И−동사(2식)
Я	Знаю Пишу	Помню Учу
Ты	Знаешь Пишешь	Помнишь Учишь
Он / Она	Знает Пишет	Помнит Учит

14 Мы учим математику.
우리는 수학을 배웁니다.

1식과 2식 동사 인칭의 복수형을 배워볼까요?

A : **Что вы делаете?**

너희들 뭐하고 있니?

B : **Мы учим математику.**

우리는 수학을 공부하고 있어요.

A : **Вы хорошо знаете математику?**

수학을 잘들 알아?

B : **Нет, ещё плохо.**

아니요, 아직 잘 몰라요.

새 단어

Математика 수학
Хорошо 잘, 좋게
Ещё 아직
Плохо 안 좋게, 나쁘게

문법 더하기

1식, 2식 동사 변형(복수 인칭)

	E-동사(1식)	И-동사(2식)
Мы	−ем Знать → Знаем Писать → Пишем	−им Учить → Учим Помнить → Помним
Вы	−ете Знать → Знаете Писать → Пишете	−ите Учить → Учите Помнить → Помните
Они	−ут / −ют Знать → Знают Писать → Пишут	−ат / −ят Учить → Учат Помнить → Помнят

Вы знаете Настю?

혹시 나스쨔를 아세요?

Они читают каждый день.

그들은 매일 읽는다.

Мы слушаем учителя.

우리는 선생님 [말]을 듣습니다.

Они смотрят концерт.

그들은 공연을 보고 있어요.

Вы очень много говорите!

말을 너무 많이 하세요!

Вы слышите звук?

소리가 들리세요?

Они сейчас смотрят фильм.

그들은 지금 영화를 보고 있습니다.

Концерт 공연
Очень 매우, 아주
Много 많이
Звук 소리
Хотеть 원하다, 하고 싶다
Бежать 달리다, 뛰다

러시안 노트

Хотеть**와** Бежать **동사 변형**

1식도 2식도 아닌 독특한 동사가 있습니다. **Хотеть**(원하다)와 **Бежать**(달리다)입니다.

	단수			복수	
Я	Хочу Бегу		**Мы**		Хотим Бежим
Ты	Хочешь Бежишь		**Вы**		Хотите Бежите
Он / Она	Хочет Бежит		**Они**		Хотят Бегут

Хотеть는 단수 인칭일 때는 1식 동사처럼, 복수 인칭일 때는 2식 동사처럼 변화합니다.

Бежать는 2식 동사처럼 변화하지만, 3인칭 복수일 때는 1식 동사의 **–ут** 형태를 취합니다.

15 Ты знаешь моего брата?
넌 우리 형을 알아?

소유 대명사의 대격을 배워볼까요?

A : Ты знаешь моего брата?
넌 우리 형을 알아?

B : Да, конечно.
그럼, 당연히 알지.

A : А мою сестру?
우리 누나는?

B : И твою сестру я тоже знаю.
너의 누나도 알고 있지.

새 단어

Знать 알다
Брат 형, 오빠, 남동생
Конечно 물론, 당연히
Сестра 언니, 누나, 여동생
Тоже 역시, ~도

문법 더하기

소유 대명사 대격

	남성	여성	중성	복수		남성	여성	중성	복수
나	Мой (+물건) Моего (+생명체)	Мою	Моё	Мои	우리	Наш (+물건) Нашего (+생명체)	Нашу	Наше	Наши
너	Твой (+물건) Твоего (+생명체)	Твою	Твоё	Твои	너희 / 당신	Ваш (+물건) Вашего (+생명체)	Вашу	Ваше	Ваши
그 / 그녀	Его / Её	Его / Её	Его / Её	Его / Её	그들	Их	Их	Их	Их

패턴 꽉! -

Ты знаешь моего брата?

넌 우리 형을 알아?

Я читаю твою книгу.

난 너의 책을 읽고 있어.

Я вижу его машину.

나는 그의 자동차가 보여.

Ты помнишь её маму?

그녀의 엄마를 기억하니?

Мы кормим нашего кота.

우리 고양이에게 먹이를 줍니다.

Мы учим наш текст.

우리는 우리 텍스트를 공부합니다.

Вы помните ваш телефон?

선생님의 핸드폰 번호를 기억하세요?

Они показывают их билеты.

그들은 그들의 표를 보여줍니다.

Вы видите вашего сына?

선생님의 아들이 보이시나요?

새 단어

Машина 차, 자동차
Кормить 먹이다
Телефон 핸드폰 [번호]
Билет 표, 티켓
Показывать 보여주다
Видеть 보다

러시안 노트

러시아어 대격은 명사가 물건인지 생명체인지에 따라 달라집니다. 명사 자체가 달라지므로 명사를 꾸며 주는 소유 대명사, 인칭 대명사, 형용사 역시 달라지겠죠?

물건을 의미하는 명사 대격	생명체를 의미하는 명사 대격
Мой	Моего
Твой	Твоего
Наш	Нашего
Ваш	Вашего

16   Я люблю Россию.

나는 러시아를 좋아해.

단수 1인칭일 때 불규칙적으로 변화하는 −л−동사에 관해 배워볼까요?

A : **Что ты делаешь?**

뭐하고 있어?

B : **Я учу русский язык.**

러시아말을 공부하고 있어.

A : **Почему ты учишь русский язык?**

왜 러시아말을 배워?

B : **Потому что я люблю Россию.**

러시아를 좋아하기 때문이지.

새 단어

Учить 배우다
Почему 왜
Потому что 왜냐하면
Любить 좋아하다, 사랑하다

−бл−, −пл− **동사 변형**

러시아어의 일부 동사는 단수 1인칭 형태(나)를 취할 때 불규칙하게 바뀝니다. 어근이 −б− 또는 −п−로 끝나는 동사 대부분이 해당됩니다. 이 동사들은 1식일 수도, 2식일 수도 있다는 것을 잊지 맙시다.

나	Люблю	우리	Любим
너	Любишь	너희 / 당신	Любите
그 / 그녀	Любит	그들	Любят

Я люблю Корею.

나는 한국을 좋아해.

Я куплю компьютер.

난 컴퓨터를 살게.

Я ловлю такси.

나는 택시를 잡고 있어.

Я дроблю кофе.

난 커피를 갈고 있어.

Я сыплю много сахару.

난 설탕을 많이 넣고 있어.

Я кормлю его собаку.

나는 그의 강아지에게 먹이를 주고 있어.

Я вас сильно удивлю!

선생님을 놀라게 할게요!

Я добавлю ещё один час.

한 시간 더 줄게.

Я много сплю.

난 잠 많이 자.

Купить 사다, 구매하다
Ловить 잡다
Дробить 갈다, 분쇄하다
Сыпать 뿌리다, 쏟아놓다
Удивить 놀라게 하다, 놀래다
Добавить 추가하다
Спать 자다

러시안 노트

Учить, изучать, учиться, заниматься. 이 동사들은 비슷해 보이지만 의미가 다릅니다.

Учить는 '공부하다, 배우다'라는 뜻의 타동사입니다. 타동사는 뒤에 목적어가 와야 합니다. Я учу와 같은 문장은 올바르지 않지요. Я учу русский язык처럼 대격으로 취한 명사를 추가해야 올바른 문장이 됩니다.

Изучать는 '공부하다, 연구하다'라는 뜻입니다. Учить보다 더 깊은 의미죠. 자신의 전공에 대해 말할 때, 어떤 기관에서 특정 분야를 전문적으로 연구한다는 내용을 전달하고자 할 때 쓰입니다.

Учиться는 '학교/대학교에 다니다'라는 의미에 가깝습니다. Учиться는 타동사가 아니기에 뒤에 명사 대격이 필요 없고, 대부분의 경우 '어디어디에서 공부해요'하는 식으로 장소가 나옵니다.

Заниматься는 '하다, 관심을 두다' 정도의 의미를 갖고 있습니다. 주로 취미나 가볍게 하는 활동에 관해 이야기할 때 자주 등장하는 동사입니다. 이 역시 타동사가 아닙니다.

17 Я живу в Сеуле.
저는 서울에 살아요.

장소를 말할 때 사용하는 명사의 전치격을 배워볼까요?

A : Где ты живёшь?

너 어디 살아?

B : Я живу в Сеуле.

저는 서울에 삽니다.

A : Ты работаешь или учишься?

일하고 있어? 아니면 공부해?

B : Я учусь в университете.

저는 대학교를 다닙니다.

새 단어

Сеул 서울
Работать 일하다, 근무하다
Или 혹은, 또는
Университет 대학교
Учитель 선생님
Площадь 광장
Станция 기차역, 지하철역
Море 바다
Окно 창문

명사의 전치격

남성형 명사	여성형 명사	중성형 명사
자음 /-ь → -е Университет → Университете Учитель → Учителе	-а- / -я → -е -ь → -и -ия → -ии Мама → Маме Площадь → Площади Станция → Станции	-о / -е → -е Окно → Окне Море → Море

전치격은 주로 장소를 나타낼 때 함께 사용됩니다. 한국어의 '어디에' 또는 '어디에서'에 해당되는 의미죠. 여러분이 어디에 사는지, 어디에서 공부하는지 등 위치, 장소를 말하고자 할 때는 전치격을 써야 합니다.

예 Я живу в Корее. 나는 한국에 살아.

Я учусь в университете. 나는 대학교에서 공부해.

Я гуляю в парке.
나는 공원에서 산책하고 있어.

Она учится в школе.
그녀는 학교에서 공부합니다.

Я обедаю в ресторане.
나는 식당에서 점심을 먹어요.

Вы обычно едите дома?
밥은 보통 집에서 드세요?

Мы пьём кофе в кафе.
우리는 카페에서 커피를 마셔요.

Я всегда сплю в поезде.
나는 항상 기차에서 자.

Сумка лежит в машине.
가방은 차 안에 있어.

Друг живёт в Китае.
친구는 중국에 살아.

Сестра учится в Америке.
누나는 미국에서 공부하고 있어.

새 단어

Парк 공원
Школа 학교
Ресторан 식당, 레스토랑
Обычно 보통
Дом 집, 건물
Кофе 커피
Всегда 항상
Поезд 기차, 열차
Китай 중국
Америка 미국

러시안 노트

러시아어 전치격은 명사의 어미가 바뀔 뿐만 아니라 앞에 В가 붙습니다. В는 명사의 전치격과 결합하여 장소를 나타내 주는 전치사입니다. 전치사는 그 자체로는 뜻이 없지만 명사의 격을 지배하여 문장 안에서 다른 명사와의 관계를 나타내주는 품사입니다. 전치사는 러시아어에 매우 많습니다 처음부터 잘만 숙지하면 이후 러시아어를 배우기가 훨씬 수월해집니다

В парке 공원에서　　　　　　В школе 학교에서
В университете 대학교에서　　В поезде 기차에서
В кафе 카페에서

18 Вы говорите по-русски?

러시아어를 하시나요?

외국어 구사에 관한 표현을 배워볼까요?

A : Простите, вы говорите по-русски?

죄송한데 혹시 러시아어를 하시나요?

B : Да, немного.

네, 조금요.

A : А как это по-русски?

그러면 이것을 러시아어로 어떻게 말해요?

B : Я не знаю.

저는 잘 모르겠어요.

새 단어

Простите 죄송한데
Говорить
말하다, 이야기하다
По-русски 러시아어로
Немного 조금
Как 어떻게
Язык 말, 언어

문법 더하기

'특정 나라의 말로 이야기하다' 표현 방법

러시아어 중 가장 많이 사용되고 자연스러운 표현은 다음과 같습니다.

나라	언어	언어로 [말하다]
Корея 한국	Корейский язык	По-корейски
Россия 러시아	Русский язык	По-русски
Америка 미국	Английский язык	По-английски
Франция 프랑스	Французский язык	По-французски
Германия 독일	Немецкий язык	По-немецки
Китай 중국	Китайский язык	По-китайски

* По-русски나 По-корейски 등을 말할 때 끝에 -й 발음이 들어가지 않도록 주의합시다.

패턴 꽉!

Вы говорите по-русски?

혹시 러시아어를 하시나요?

Он плохо понимает по-корейски.

그는 한국어를 잘 못해.

Ты говоришь по-китайски?

너 중국어 잘해'?

Как это по-русски?

이게 러시아어로 뭐지?

Моя мама хорошо говорит по-немецки.

우리 엄마는 독일어를 잘하셔.

Корейцы хорошо говорят по-английски.

한국사람들은 영어를 잘해.

새 단어

Очень 매우, 아주

Хорошо 잘, 좋게

Плохо
잘 못하다, 안 좋게, 나쁘게

Часто 자주

러시안 노트

추가로 Знать … язык(어느 나라의 말을 알다) 표현도 있습니다. Говорить(말하다) 동사에는 반드시 по—…ки 문법을 써야 한다는 점, Знать(알다) 동사에는 간단한 목적어가 뒤에 와야 한다는 점을 기억합시다.

예 Я говорю по—корейски. 나는 한국어를 해.

Я очень хорошо говорю по—английски. 나는 영어를 아주 잘해.

Я плохо говорю по—китайски. 나는 중국어를 잘 못해.

Я знаю корейский язык. 나는 한국어를 잘 알아.

Я очень хорошо знаю английский язык. 나는 영어를 아주 잘 알아.

Я плохо знаю китайский язык. 나는 중국어를 잘 몰라.

19   Я часто думаю о ней.
나는 그녀에 대해 자주 생각해.

인칭 대명사의 전치격을 함께 알아볼까요?

A : **Ты помнишь Лену?**

너 혹시 레나를 기억해?

B : **Да, конечно!**

그래, 당연히 기억하지.

A : **Она сейчас в Корее.**

그녀는 지금 한국에 와 있어.

B : **Правда? Я часто думаю о ней.**

진짜? 난 그녀에 대해 자주 생각하는데.

새 단어

Помнить 기억하다
Сейчас 지금
Правда 진짜, 진실

문법 더하기

인칭 대명사의 전치격

단수 인칭		복수 인칭	
나	Мне	우리	Нас
너	Тебе	너희 / 당신	Вас
그 / 그녀	Нём / Ней	그들	Них

전치격은 주로 장소나 위치를 나타나는 데에 쓰이지만, 인칭 대명사를 쓸 때에는 '...에 대해'라는 뜻으로 쓰입니다. 이때 항상 o 전치사가 선행합니다.

О + 명사 전치격 (인칭 대명사) = ~에 대해

예 **Говорить о вас** 선생님에 대해 이야기하다

   Думать о ней 그녀에 대해 생각하다

   Помнить о них 그들에 대해 기억하다

* 1인칭 대명사일 때는 Обо мне(나에 대해)라고 써야 합니다.

패턴 꽉!

Я часто думаю о ней.
나는 그녀에 대해 자주 생각해.

Я много говорю о нас.
나는 우리에 대해 많이 이야기해.

Мама часто думает о вас.
엄마는 당신에 대해 자주 생각하신다.

Ты сейчас говоришь обо мне?
너 지금 나에 대해 이야기하는 거야?

Что ты знаешь о нём?
넌 그에 대해 뭘 알아?

Я часто смотрю новости о России.
나는 러시아에 대한 뉴스를 자주 봐.

Я много слушаю о Корее.
저는 한국에 대해 많이 듣고 있어요.

새 단어

Редко 드물게, 가끔
Новости 뉴스
Много 많이
Читать 읽다
Экономика 경제
Раньше 예전에, 전에

О + 명사의 전치격은 인칭 대명사뿐만 아니라 일반 명사에도 해당되는 문법입니다. 위 예문의 смотреть новости о России 와 같은 형식으로 다양한 표현을 만들어 볼 수 있겠죠?

예 Мама часто говорит о сыне. 엄마는 아들에 대해 자주 이야기하신다.

Я много читаю об экономике. 저는 경제 책을 많이 읽습니다.

Он много знает об Америке. 그는 미국에 대해 많이 알고 있어.

Раньше она много говорила о Сергее. 예전에는 그녀가 세르게이에 대해 많이 이야기했다.

* 전치사 О 다음에 모음으로 시작하는 단어가 올 경우 Об으로 바뀝니다.

20 Куртка в шкафу.

재킷은 옷장 안에 있어.

명사 전치격에 관해 배우고 예외도 함께 알아볼까요?

A : Где моя куртка?

내 재킷은 어디 있어?

B : Куртка в шкафу.

재킷은 옷장에 있어.

A : А где шкаф?

옷장은 어디 있어?

B : Шкаф в углу.

옷장은 방구석에 있어.

새 단어

Куртка 재킷, 코트
Шкаф 옷장
Угол 구석

문법 더하기

명사 전치격의 예외

앞서 전치격의 어미는 −e라고 배웠습니다(연음 부호로 끝나는 명사는 −и). 하지만 늘 그렇듯
예외가 있습니다. 아래 단어들은 −e가 아닌 −y로 끝납니다. 이러한 단어의 수가 많지는 않으니
암기하면 됩니다!

Лес	숲, 산림		В лесу	숲 속에서
Порт	항구		В порту	항구에서
Аэропорт	공항	+ у	В аэропорту	공항에서
Берег	해안, 해변, 강가		На берегу	강가에서, 해안에서
Сад	정원		В саду	정원에서

패턴 꽉!

Лиса живёт в лесу.
여우는 숲 속에 살아.

Максим работает в порту.
막심은 항구에서 일해.

Я жду в аэропорту.
나는 공항에서 기다리고 있어.

Он стоит на берегу.
그는 강가에 서 있어요.

Дерево растёт в саду.
나무는 정원에서 자라.

Собака сидит на полу.
강아지는 바닥에 앉아 있어.

새 단어

Лиса 여우
Жить 살다
Работать 일하다
Ждать 기다리다
Стоять 서 있다
Дерево 나무
Расти 자라다
Платье 드레스, 원피스
Собака 개, 강아지
Сидеть 앉아 있다

러시안 노트

Дом(집, 건물)은 전치격일 때 불규칙하게 활용됩니다. Дома는 '집에, 집에서'라는 뜻이 됩니다. 그래서 '난 집에 있어'라고 말하고 싶을 때 Я дома라고 말해야 합니다. В доме는 '건물에서, 건물 안에서'의 뜻으로 집보다는 건물(building)이라는 뉘앙스를 갖게 됩니다.

Q1 다음 빈칸에 명사 대격을 넣어주세요.

· Я читаю _____ (книга).
나는 책을 읽습니다.

· Света видит _____ (стол).
스베타는 책상을 봅니다.

· Он открывает _____ (окно).
그는 창문을 엽니다.

· Мама помнит _____ (Максим).
엄마는 막심을 기억해요.

· Я вижу _____ (кот).
나는 고양이를 봅니다.

Q2 2식 동사를 인칭에 따라 변형시켜 보세요.

보기		
	Стоять, Сидеть, Говорить, Бежать, Видеть	

Я	Стою	Мы	
Ты		Вы	
Он / Она		Они	Стоят

Q3 올바른 소유 대명사를 찾아 문장을 연결해 보세요.

보기

моего нашего твоего её его

· Я помню _____ брата.
  나는 너의 형을 기억해.

· Мы кормим _____ кота.
  우리는 우리 고양이에게 밥을 줍니다.

· Я знаю _____ телефон.
  난 그의 핸드폰 번호를 알고 있어.

· Ты знаешь _____ друга?
  내 친구를 알고 있어?

· Максим читает _____ книгу.
  막심은 그녀의 책을 읽고 있어.

Q4 다음 그림을 보고 문장을 완성해 보세요.

Я хорошо говорю _____ . 🇰🇷

Максим знает _____ . 🇩🇪

Мы учим _____ . 🇷🇺

Как это _____ ? 🇺🇸

Q1 Я читаю <u>книгу</u>.

Света видит <u>стол</u>.

Он открывает <u>окно</u>.

Мама помнит <u>Максима</u>.

Я вижу <u>кота</u>.

Q2

Я	Стою, Сижу, Говорю, Бегу, Вижу	Мы	Стоим, Сидим, Говорим, Бежим, Видим
Ты	Стоишь, Сидишь, Говоришь, Бежишь, Видишь	Вы	Стоите, Сидите, Говорите, Бежите, Видите
Он / Она	Стоит, Сидит, Говорит, Бежит, Видит	Они	Стоят, Сидят, Говорят, Бегут, Видят

Q3 Я помню <u>твоего</u> брата.

Мы кормим <u>нашего</u> кота.

Я знаю <u>его</u> телефон.

Ты знаешь <u>моего</u> друга?

Максим читает <u>её</u> книгу.

Q4 Я хорошо говорю <u>по-корейски</u>.

Максим знает <u>немецкий язык</u>.

Мы учим <u>русский язык</u>.

Как это <u>по-английски</u>?

MEMO

21 Телефон лежит на столе.
핸드폰은 책상 위에 있어요.

계속해서 전치격과 전치격의 지배를 받는 전치사에 관해 배워볼까요?

A : **Где мой телефон?**
내 핸드폰 어디 있어?

B : **Он лежит на столе.**
책상 위에 있어.

A : **А где моя куртка?**
내 재킷은?

B : **Она на кровати.**
침대 위에 있잖아.

새 단어

Телефон 핸드폰
Стол 책상, 테이블
Лежать 누워 있다
Куртка 재킷
Кровать 침대

전치사 В와 На

러시아어에는 장소를 나타나는 전치사로 В와 На가 있습니다. 둘의 차이점을 알아봅시다.

В는 '안, 속'을 의미합니다. 말하려는 장소의 안과 밖이 구분될 때 В를 써야 합니다.

В комнате 방에서 / **В городе** 도시에서 / **В поезде** 기차 안에서 / **В парке** 공원에서

На는 '위에'라는 의미를 지닙니다. 표면이 있고, 무언가 그 위에 있다고 말할 때 На를 씁니다.

На кровати 침대에서 / **На столе** 책상에서 / **На дороге** 도로에서 / **На площади** 광장에서

패턴 꽉! - - - - - - - -

Машина стоит на дороге.
차는 도로에 주차돼 있다.

Туристы стоят на площади.
관광객들은 광장에 서 있어요.

Матч идёт на стадионе.
경기는 경기장에서 진행됩니다.

Папа курит на балконе.
아빠는 발코니에서 담배를 피우신다.

Света работает на рынке.
스베타는 시장에서 일해요.

Собака лежит на диване.
강아지는 소파에 누워있어.

Рис лежит на тарелке.
밥은 접시에 있어.

Они живут на острове.
그들은 섬에 살아.

새 단어

Дорога 길, 도로
Стоять 서 있다
Матч 경기
Стадион 경기장
Курить 담배를 피다
Балкон 발코니
Рынок 시장
Диван 소파
Рис 밥, 쌀
Тарелка 접시
Остров 섬
Концерт 공연, 콘서트
Выставка 전시회
Свадьба 결혼식
Урок 수업
Родина 고향, 조국
Вокзал 기차역
Этаж 층

 러시안 노트

지리적 의미의 장소가 아닌 이벤트가 일어나는 장소를 이야기할 때가 있죠? 그럴 때에는 전치사 На를 써야 합니다.

На концерте 공연에서 / На выставке 전시회에서
На свадьбе 결혼식에서 / На уроке 수업에서

물론, 예외도 있습니다. 예외는 꼭 외워두어야 합니다.
На родине 고향에서 / На вокзале 기차역에서 / На этаже 층에서

22 Почему ты не ешь хлеб?

빵은 왜 안 먹어?

이유를 묻고 답하는 표현을 배워볼까요?

A: **Почему ты не ешь хлеб?**

빵은 왜 안 먹어?

B: **Потому что я не люблю хлеб!**

빵 안 좋아하니까!

새 단어

Есть 먹다
Хлеб 빵
Сериал 드라마, 연속극
Комедия 코미디

문법 더하기

Почему와 Потому что 문법

의문사 '왜'는 **Почему**입니다. 어떤 이유나 원인에 대해 질문을 하고 싶을 때 사용합니다.

[예] **Почему ты не спишь?** 안 자고 뭐해?

Почему ты любишь Россию? 러시아를 왜 좋아해?

Потому что는 의문사에 답으로도 쓰이고, 복합문 안에서 접속사로 쓰이기도 합니다.

[예] **Я не ем хлеб, потому что я не люблю хлеб.**

나는 빵을 안 좋아하기 때문에 [빵을] 먹지 않습니다.

Я не смотрю этот сериал, потому что я не люблю комедии.

나는 코미디를 안 좋아하기 때문에 이 드라마를 안 봐요.

패턴 꽉!

Почему ты не ешь рис?
밥을 왜 안 먹어?

Почему ты не кормишь собаку?
강아지에게 왜 먹이를 안 줘?

Почему ты не смотришь матч?
경기는 왜 안 봐?

Почему ты лежишь на диване?
소파에 왜 누워 있어?

Почему они не едят овощи?
그들은 왜 채소를 안 먹나요?

Почему вы не едите мясо?
고기를 왜 안 드세요?

Почему она не работает?
그녀는 왜 일 안 해?

Почему ты не учишься?
너 공부를 왜 안 하니?

새 단어

Овощи 채소
Мясо 고기

러시안 노트

'왜'를 뜻하는 의문사로는 **Почему**와 **Зачем**이 있습니다. 둘의 차이는 뭘까요?

Почему는 원인을 물어보는 의문사입니다. 어떤 일이 왜 일어났는지 이유를 묻는 데 쓰이죠.

예 **Почему ты не кормишь собаку**? 너 강아지에게 먹이를 왜 안 줘?

  *강아지가 배고파서 난리인데 어떻게 이런 상황까지 벌어지게 됐는지 궁금해서 물어보는 질문

예 **Почему вы не едите мясо**? 고기를 왜 안 드세요?

  *상대방에게 어떻게 해서 고기를 안 먹게 되었는지 그 이유를 물어보는 질문

반면 Зачем은 목적이나 목표에 관해 묻는 의문사입니다. 상대가 지금 하는 일에 어떤 목적을 갖고 있는지 묻는 것입니다. 한국어의 '뭐 하러'와 가까운 표현이죠. 단, '뭐 하러'는 조금 무성석인 뉘앙스가 있는 반면에 러시아어에는 그런 뉘앙스가 전혀 없습니다.

예 **Зачем ты покупаешь машину**? 너 차를 왜 사?

  *차를 사게 된 이유를 물어보는 게 아니라 목적을 물어보는 질문

23 Я его не знаю.
난 그 사람을 몰라.

인칭 대명사 대격에 관해 배워볼까요?

A : **Ты знаешь Виктора?**
너 혹시 빅토르 알아?

B : **Нет, я его не знаю.**
아니, 난 그 사람 몰라.

A : **Серьёзно? А его сестру Настю знаешь?**
정말? 그러면 그의 누나 나스쨔를 아는 거야?

B : **Да, её я знаю очень хорошо!**
그럼, 그녀는 내가 아주 잘 알지.

새 단어

Знать 알다
Серьёзно?
정말? 농담 아냐?

문법 더하기

인칭 대명사 대격

단수 인칭		복수 인칭	
나를	Меня	우리를	Нас
너를	Тебя	너희를 / 당신을	Вас
그를 / 그녀를	Его / Её	그들을	Их

지난 1과에서 인사법 **Меня зовут Илья**라는 문장을 배웠었죠? 이제 이 문장을 문법적으로 이해할 수 있습니다.

예 **Как вас зовут?** 이름이 뭐예요? [직역: 남들이 당신을 어떻게 부릅니까?]

Меня зовут Илья. 제 이름은 일리야입니다. [직역: 그들은 나를 일리야라고 부릅니다]

패턴 꽉!

Я не очень хорошо знаю его.
난 그 사람을 그리 잘 몰라.

Ты меня не помнишь?
너 나 기억 안 나니?

Я вижу её каждый день.
나는 그녀를 매일 봐.

Учитель внимательно их слушает.
선생님은 그들의 말을 신중하게 듣고 계십니다.

Родители тебя очень любят.
부모님은 너를 많이 사랑해.

Я вас совсем не понимаю.
선생님을 도저히 이해 못해요.

Преподаватель учит нас уже год.
교수님은 우리를 1년 동안 가르치고 계신다.

새 단어

Каждый день 매일
Внимательно
신중히, 주의 깊게
Родители 부모님
Совсем 전혀, 도저히
Преподаватель 교수님
Уже 벌써, 이미
Год 년

러시안 노트

목적어는 보통 동사 뒤에 나옵니다.

[예] Я знаю Виктора. 나는 빅토르를 알고 있어.

그러나 일반 명사가 인칭 대명사로 대체될 때에는 인칭 대명사가 동사 바로 앞에 오는 경우를 자주 볼 수 있으며, 보다 더 자연스럽습니다.

[예] Я его знаю. 나는 그를 알고 있어.

원어민 따라하기

러시아에 온 한국 학생들이 자주 하는 말실수 중에 하나는 러시아 어학당 선생님을 Учитель 또는 Преподаватель이라고 부르는 것입니다. 러시아 학생들은 선생님을 부를 때 '이름 + 부칭'을 씁니다. 보통 선생님들은 첫 수업 때 본인 이름과 부칭을 학생들에게 알려줍니다. 만일 첫 수업에 참석하지 않았다면 주변 사람에게 묻거나 선생님에게 직접 물어봐야 합니다.

[예] Илья Михайлович 일리야 미하일로비치

24 Это красивый город.
이 도시는 아름다운 도시예요.

지난 6과에서 주어+서술어 문장 구조를 배웠습니다. 여기에 형용사를 더한 문장 구조를 배워볼까요?

A : Почему ты любишь Москву?

넌 모스크바를 왜 좋아하니?

B : Потому что это очень красивый город.

아주 예쁜 도시라서.

A : Да, соглашусь.

그래. (네 말에 나도) 동의해.

B : А ещё Москва большая и интересная.

그리고 모스크바는 크고 재미있는 도시기도 해.

새 단어

Москва 모스크바

Красивый
예쁘다, 아름답다

Город 도시

Соглашаться
동의하다, 동감하다

Большой 크다

Интересный 재미있다

Ещё 더, 더욱 더

Паспорт 여권

Синий 파랗다

Театр 극장

Небо 하늘

Ручка 펜

러시아어 형용사

형용사는 사물의 성질이나 상태를 나타내는 품사입니다. 형용사는 명사를 꾸미기 때문에 명사의 성에 따라 형용사의 어미도 바뀝니다.

남성형	여성형	중성형
– ый / – ий / – ой		
Красивый город	– ая / – яя	– ое / – ее
예쁜 도시	Красивая улица	Красивое море
Синий паспорт	예쁜 거리	예쁜 바다
파란 여권	Синяя ручка	Синее небо
Большой театр	파란 펜	파란 하늘
볼쇼이 극장		

패턴 꽉!

Это большая машина.

이 차는 커요.

Это интересная книга.

이 책은 재미있어요.

Это скучный фильм.

이 영화는 지루해요.

Это маленький город.

이 도시는 작습니다.

Это высокое здание.

이 건물은 높아요.

Это низкий стул.

이 의자는 낮아요.

Это дорогое пальто.

이 외투는 비싸요.

Это дешёвый сувенир.

이 기념품은 쌉니다.

새 단어

Скучный
지루하다, 재미없다

Маленький 작다

Высокий 높다

Низкий 낮다

Дорогой 비싸다

Дешёвый 싸다, 저렴하다

Здание 건물

Стул 의자

Сувенир 기념품

형용사의 성

형용사는 명사의 성에 따라 변형시켜야 합니다. 문장 안에서 단순히 하나의 명사를 꾸미든, 문장의 서술어가 되든 언제나해당되는 명사의 성을 따라야 한다는 것을 반드시 기억합시다!

예 Это красивый город. 이곳은 예쁜 도시다.

　　Мой город очень красивый. 우리 도시는 아주 예쁘다.

25 Этот торт очень вкусный!

이 케이크는 아주 맛있어요!

지시 대명사를 배워볼까요?

A : **Этот кофе горячий?**
이 커피는 따뜻한가요?

B : **Да, я люблю горячий кофе.**
네, 저는 따뜻한 커피를 마십니다.

A : **А тот торт? Он какой?**
그러면 저 케이크는? 맛이 어때요?

B : **Тот торт очень вкусный!**
저 케이크는 아주 맛있어요!

새 단어

Торт 케이크
Вкусный 맛있다
Кофе 커피
Горячий 뜨겁다, 따뜻하다
Штаны 바지

문법 더하기

지시 대명사 Этот

한국어의 '이, 그, 저'와 달리 러시아어 지시 대명사는 두 개만 있습니다. 바로 **Этот**과 **Тот**이죠.

단수			복수
남성형	여성형	중성형	
Этот	Эта	Это	Эти
Тот	Та	То	Те
Этот стол 이 책상	Эта сумка 이 가방	Это кофе 이 커피	Эти деньги 이 돈
Тот дом 저 집	Та улица 저 거리	То окно 저 창문	Те штаны 저 바지

* 지시 대명사 역시 뒤에 오는 명사의 성에 따라 형태가 바뀝니다. 꼭 기억하고 바르게 씁시다.

Этот компьютер очень быстрый.

이 컴퓨터는 아주 빨라요.

Эта башня очень высокая.

이 타워는 매우 높네요.

Это окно такое большое!

이 창문은 징말 크군요!

Эти облака очень пушистые.

이 구름들은 아주 푹신해 보이네요.

Тот дом очень дорогой.

저 건물은 매우 비쌉니다.

Та песня очень популярная.

그 노래는 엄청 유명하죠.

Тот кофе очень горячий!

그 커피는 엄청 뜨거워요!

Те люди очень добрые.

저 사람들은 아주 착하네요.

새 단어

Компьютер 컴퓨터

Быстрый 빠르다

Башня 타워

Пушистый
푹신하다, 부드럽다

Песня 노래

Популярный 유명하다

Люди 사람들

Добрый 착하다

러시안 노트

러시아어 지시 대명사는 2개만!

Этот / Эта / Это / Эти는 말히는 사람괴 가까운 거리에 있는 물긴에 대해시 이야기힐 때 씁니다.
즉, 한국어의 '이'에 해당하죠.

Тот / Та / То / Те는 말하는 사람과 먼 거리에 위치한 물건에 대해 이야기하거나 지금 현재 보이
지 않는 것에 대해 이야기할 때도 쓰기도 합니다. 한국어의 '그'와 '저'에 해당합니다.

원어민 따라하기

지닌 5과에서는 복수형을 민들 때 −ы나 −и글 붙이면 뙨나고 배웠습니다. 그러나 난순히 어미가
변하는 게 아니라 단어 자체가 바뀌는 불규칙한 단어들도 있습니다.

Человек (사람, 한 명)	vs	Люди (사람들)
Ребёнок (아이)	vs	Дети (아이들)

26 Менеджера сейчас нет в офисе.
담당자는 지금 사무실에 안 계세요.

러시아어의 격조사 중 소유의 의미를 가지는 생격에 관해 알아볼까요?

A : **Извините, а менеджер сейчас в офисе?**

죄송한데, 혹시 담당하시는 분 지금 자리에 계세요?

B : **Нет, менеджера сейчас нет в офисе.**

아니요, 지금은 안 계세요.

A : **А когда он вернётся?**

언제쯤 돌아오시나요?

B : **Он вернётся завтра.**

내일 돌아옵니다.

Менеджер 매니저, 담당자
Офис 사무실
Сейчас 지금
Вернуться 돌아오다

문법 더하기

명사의 생격

남성형 명사	여성형 명사	중성형 명사
– 자음 → – а –й / –ь → –я Телефон → Телефона Музей → Музея Учитель → Учителя	–а → –ы –я / –ь → –и Мама → Мамы Песня → Песни Обувь → Обуви	– о → – а –е → –я Вино → Вина Море → Моря

생격의 여러 쓰임새 중 유무 여부와 관련한 쓰임새를 배워봅시다. '뭐가/누가 없다'라는 형식이죠. 주의할 점은 무언가/누군가가 '있다'고 말할 때는 주격! '없다'고 말할 때는 생격!

예 **Менеджер в офисе?** 담당자는 혹시 사무실에 계시나요?

있다 : **Да, менеджер в офисе.** 네, 담당자는 사무실에 계십니다.

없다 : **Нет, менеджера нет в офисе.** 아니오, 담당자는 사무실에 안 계십니다.

Начальника нет в офисе.
상사는 사무실에 안 계십니다.

В парке нет скамейки.
공원에는 벤치가 없어요.

В магазине нет молока.
편의점에는 우유가 없어요.

Преподавателя нет в аудитории.
교수님은 교실에 안 계십니다.

В городе нет музея.
도시에는 박물관이 없어요.

В журнале нет статьи.
잡지에는 기사가 없다.

В шкафу нет обуви.
옷장에는 신발이 없어요.

В Узбекистане нет моря.
우즈베키스탄에는 바다가 없어.

새 단어

Начальник 상사
Скамейка 벤치
Магазин 편의점, 상점
Молоко 우유
Аудитория 교실
Музей 박물관
Журнал 잡지
Статья 기사
Шкаф 옷장
Обувь 신발
Узбекистан 우즈베키스탄

러시안 노트

무언가/누군가 '없다'고 말할 때는 '명사 전치격 + нет + 명사 생격' 입니다. 반면 '있다'고 할 때는 есть(있다) 동사를 씁니다. 단, есть 다음 명사는 항상 주격이라는 점을 주의해야 합니다.
예 В городе есть музей. 도시에는 박물관이 있다.

대상이 물체가 아닌 생명체일 경우 есть 동사가 생략되는 경우가 많습니다.
예 Мама дома. 엄마는 집에 [계신다].
　Сестра сейчас в школе. 누나는 지금 학교에 [있어].

27 У меня нет брата.
저는 형이 없어요.

이번에는 인칭 대명사의 생격을 배워볼까요?

A : У тебя есть брат?

넌 형이 있니?

B : Нет, у меня нет брата. А у вас?

아니요, 전 형이 없어요. 선생님은요?

A : У меня есть младшая сестра.

난 여동생이 있어.

B : Это здорово!

좋으시겠네요!

새 단어

Брат 형, 오빠, 남동생
Сестра 누나, 언니, 여동생
Младший (나이가) 어리다
Здорово! 좋네! 잘 됐네!

문법 더하기

인칭 대명사의 생격

단수 인칭		복수 인칭	
나	Меня	우리	Нас
너	Тебя	너희 / 당신	Вас
그 / 그녀	(У) Него / Неё	그들	(У) Них

있음을 말할 때는 '대명사 생격 + есть 동사 + 명사 주격' 형식을 가집니다. 반면 없음을 말할 때는 '대명사 생격 + нет + 명사 생격'입니다.

예 У меня есть брат. 나에게는 형이 있어.

У меня нет сестры. 나에게는 누나가 없어.

패턴 꽉!

У меня нет сумки.
난 가방이 없어.

У тебя есть ручка?
너 혹시 펜 있어?

У него нет семьи.
그는 가족이 없어요.

У неё нет квартиры.
그녀는 아파트가 없어요.

У нас сегодня нет урока.
우리는 오늘 수업이 없어요.

У вас есть паспорт?
여권 있으세요?

У них нет времени.
그들은 시간이 없어요.

새 단어

Семья 가족
Квартира 아파트
Урок 수업
Паспорт 여권
Время 시간

 러시안 노트

인칭 대명사의 전치사 у

장소를 나타내는 명사 전치격에 в나 на가 붙는 것과 마찬가지로 유무 여부를 표현하는 문장에서도 항상 у 전치사가 붙어야 됩니다.

예 У меня **нет** телефона. 나는 핸드폰이 없어.

У мамы **нет** времени. 엄마는 시간 없습니다.

У брата **нет** компьютера. 형은 컴퓨터가 없어요.

87

28 Сколько стоит этот сувенир?
이 기념품은 얼마예요?

가격을 묻는 표현과 간단한 숫자를 배워볼까요?

A : **Сколько стоит этот сувенир?**

이 기념품은 얼마예요?

B : **10 рублей.**

10 루블입니다.

A : **Ой, дорого! А сколько стоит тот шарф?**

앗, 비싸네요! 그러면 저 스카프는 얼마예요?

B : **8 рублей.**

8 루블입니다.

새 단어

Сколько 얼마
Стоить 가치 있다
Рубль 루블(러시아 통화)
Дорого 비싸다
Шарф 스카프
Шапка 모자

문법 더하기

러시아 숫자

1	Один	2	Два
3	Три	4	Четыре
5	Пять	6	Шесть
7	Семь	8	Восемь
9	Девять	10	Десять

가격이나 개수를 물어볼 때는 Сколько(얼마)와 Стоить(가치 있다, 가격을 가지다) 동사를 함께 써야 합니다. 가격을 묻고자 하는 제품의 이름을 알면 Сколько стоит + 명사 형식으로 질문하면 됩니다. 그러나 제품의 이름을 모르면 Это(이것)를 써도 됩니다.

예 Сколько стоит **сумка?** 가방은 얼마예요?

Сколько **это** стоит? 이건 얼마예요?

88

패턴 꽉!

Сколько стоит обувь?
신발은 얼마예요?

Сколько стоит борщ?
보르쉬는 얼마예요?

Сколько стоит тот хлеб?
저 빵은 얼마예요?

Сколько стоит эта матрёшка?
이 마트료쉬까는 얼마예요?

Сколько это стоит?
이건 얼마예요?

Сколько стоит это пальто?
이 외투는 얼마예요?

Сколько стоит эта камера?
이 카메라는 얼마예요?

새 단어

Борщ 보르쉬 (러시아 수프)
Матрёшка 마트료쉬까
Камера 카메라, 사진기

러시안 노트

러시아어 월 이름

러시아어에는 월마다 고유한 명칭이 있습니다. 함께 알아볼까요?

1월	Январь	7월	Июль
2월	Февраль	8월	Август
3월	Март	9월00	Сентябрь
4월	Апрель	10월	Октябрь
5월	Май	11월	Ноябрь
6월	Июнь	12월	Декабрь

* 러시아의 월 명칭은 모두 남성형 명사입니다.

 **29** **Это зонт мамы.**
이것은 엄마 우산이야.

소유, 목적의 의미를 갖는 명사 생격에 관해서 알아볼까요?

A : **Чей это зонт?**

이 우산은 누구 거야?

B : **Это зонт мамы.**

이건 엄마 우산이야.

A : **А эти часы для кого?**

그러면 이 시계는?

B : **Это часы для папы.**

이 시계는 아빠를 위한 거야.

새 단어

Чей 누구의
Зонт 우산
Часы 시계
Для …을 위하여
Экономика 경제
Президент 대통령

명사 생격, 소유 의미

생격의 여러 쓰임새 중에서 '소유'는 큰 비중을 차지합니다. '누구의 무엇' 하는 식의 표현들이죠.
한국어 조사 '의'와 비슷한 의미를 가집니다.

Зонт мамы	엄마의 우산
Машина папы	아빠의 자동차
Газета дедушки	할아버지의 신문
Экономика России	러시아 경제
Президент Кореи	한국 대통령

* 여기서 주의해야 할 점은 어순입니다. 꾸밈을 받는 단어가 먼저 오고, 꾸며 주는 단어(생격)는 뒤에 옵니다!

패턴 꽉!

Книга друга.
친구의 책.

Директор компании.
회사 사장.

Музей истории.
역사 박물관.

Жители города.
도시 시민.

Интервью артиста.
배우의 인터뷰.

Фильм режиссёра.
감독관의 영화.

Фотография семьи.
가족 사진.

새 단어

Директор 사장
Компания 회사
История 역사
Жители 시민, 주민
Интервью 인터뷰
Артист 배우, 연예인
Режиссёр 감독관
Фотография 사진
Еда 밥, 음식
Корзина 통, 바구니
Мусор 쓰레기

러시안 노트

Для + 명사 생격

전치사 Для는 '···을/를 위하여'라는 의미를 가집니다. 그래서 Для + 명사 생격 형식을 쓰면 보다 다양한 표현을 만들 수 있습니다.

예 Еда для кота   고양이 밥 [직역: 고양이를 위한 음식]

Корзина для мусора   쓰레기통 [직역: 쓰레기를 위한 바구니]

Время для меня   나를 위한 시간

생격만으로 이루어진 명사 간의 관계와 전치사의 도움을 받아 이루어진 명사 간의 관계는 의미상 다르다는 점을 꼭 기억해야 합니다. 예를 들어 Зонт мамы는 '엄마가 갖고 있는 우산', 즉 엄마의 소유인 우산을 뜻하고 Зонт для мамы는 '엄마를 위한 우산', 즉 누군가가 엄마에게 주려고 준비한 우산을 뜻합니다.

30　У меня нет времени.

난 시간이 없어.

생격 형식에서 예외인 명사들이 있습니다. 함께 알아볼까요?

A : **Почему ты не отдыхаешь?**
　　넌 왜 안 쉬어?

B : **У меня нет времени.**
　　쉴 시간이 없어.

A : **А у твоего друга?**
　　네 친구는?

B : **Наверное, у него тоже нет времени.**
　　그도 아마 시간이 없을 거야.

새 단어

Отдыхать 쉬다, 휴식하다
Время 시간
Наверное 아마, 아마도
Тоже 역시, 또한

문법 더하기

명사 생격, 예외

생격 조사가 예외적으로 만들어진 명사들이 있습니다. 바로 −мя로 끝나는 명사들이죠. 이렇게
특이한 어미로 끝나는 명사는 러시아어에 몇 마디밖에 없기 때문에 암기하면 됩니다.

−мя로 끝나는 명사	→	−ени
Время(시간)	→	Времени
Племя(부족)	→	Племени
Бремя(부담)	→	Бремени
Имя(이름)	→	Имени

У нас нет времени.

우리는 시간이 없어.

Это человек без имени.

이 사람은 이름 없는 사람이야.

У страны нет знамени.

이 나라는 깃발이 없어.

Слабый свет пламени.

불의 약한 빛.

Вождь племени.

부족의 주장.

У него много времени.

그는 시간 많아.

새 단어

Человек 사람

Без ~없이

Страна 국가, 나라

Знамя 깃발, 기폭

Слабый 약하다

Свет 빛

Пламя 불

Вождь 이장, 주장

Много 많이

 러시안 노트

-мя로 끝나는 명사들은 일상에서 거의 쓰지 않는 단어들입니다. Пламя는 '불'이라는 뜻이지만 시나 소설 외에는 찾아보기가 힘들고 Знамя는 '기폭'이라는 뜻으로 속담이나 관용어에 쓰는 표현으로 일상에서는 보기 극히 드문 단어입니다. 그나마 자주 쓰는 단어로는 Время(시간)와 Имя (이름, 성함)이 있습니다.

원어민 따라하기

추측, 불확실성을 표현하고 싶으면 Наверное 부사를 쓰면 됩니다. 한국어의 '아마도' '~것 같다' 표현과 비슷한 의미입니다.

예 Наверное, он дома. 그는 아마 집에 있을 걸?

   Наверное, у Лены нет времени. 레나는 시간이 없을 것 같아.

Q1 인칭 대명사를 대격으로 바꾸고 빈칸을 채워 보세요.

· Как ＿＿＿＿＿＿＿＿＿＿ зовут?
  너의 이름은 뭐니?

· Вы знаете ＿＿＿＿＿＿＿＿＿ ?
  여러분은 저를 아세요?

· Я впервые вижу ＿＿＿＿＿＿＿＿＿ .
  나는 그녀를 처음 봅니다.

· Учитель учит ＿＿＿＿＿＿＿＿＿ каждый день.
  선생님은 우리를 매일 가르치신다.

· Лена часто ＿＿＿＿＿＿＿＿＿ видит.
  레나는 그들을 자주 본다.

· Я хорошо помню ＿＿＿＿＿＿＿＿＿ .
  나는 그 사람을 잘 기억해요.

· Я внимательно ＿＿＿＿＿＿＿＿＿ слушаю.
  지금 여러분의 말을 신중히 듣고 있습니다.

Q2 정확한 스펠링을 써 보세요.

Кр＿＿ват＿

С＿нтя＿рь

К＿н＿ерт

В＿к＿ал

Д＿ять

Ч＿ло＿ек

보기

У меня есть книга → У меня нет книги.

У меня есть брат	→	У меня _____ .
У Лены есть сестра	→	У Лены _____ .
В Узбекистане есть море	→	В Узбекистане _____ .
У папы есть время	→	У папы _____ .
В Москве есть метро	→	В Москве _____ .
В Сеуле есть станция	→	В Сеуле _____ .

Красивый	|	Это _____ город.
Большой	|	Наша квартира очень _____ .
Синий	|	Небо сегодня очень _____ .
Интересный	|	Этот фильм очень _____ .
Дорогой	|	У мамы есть _____ сумка.
Маленький	|	То здание очень _____ .

Q1   Как <u>тебя</u> зовут?

Вы знаете <u>меня</u>?

Я впервые вижу <u>её</u>.

Учитель учит <u>нас</u> каждый день.

Лена часто <u>их</u> видит.

Я хорошо помню <u>его</u>.

Я внимательно <u>вас</u> слушаю.

Q2   Кровать, Сентябрь, Концерт, Вокзал, Девять, Человек

Q3   У меня <u>нет брата</u>.

У Лены <u>нет сестры</u>.

В Узбекистане <u>нет моря</u>.

У папы <u>нет времени</u>.

В Москве <u>нет метро</u>.

В Сеуле <u>нет станции</u>.

Q4   Это <u>красивый</u> город.

Наша квартира очень <u>большая</u>.

Небо сегодня очень <u>синее</u>.

Этот фильм очень <u>интересный</u>.

У мамы есть <u>дорогая</u> сумка.

То здание очень <u>маленькое</u>.

MEMO

31 Я хочу есть.
난 배고파.

'~하고 싶다' 표현을 어떻게 하는지 알아볼까요?

A : **Почему ты такой грустный?**

너 왜 그렇게 슬퍼 보여?

B : **Я хочу есть.**

뭔가 먹고 싶어.

A : **Я тоже голодный! Что ты хочешь?**

나도 배고파! 넌 뭘 먹고 싶어?

B : **Я хочу шашлык и вареники.**

난 샤슬릭이랑 바레니키 먹고 싶어.

새 단어

Грустный 슬프다
Есть 먹다
Голодный 배고프다
Шашлык
샤슬릭(러시아식 꼬치구이)
Вареники
바레니키(러시아식 감자만두)

문법 더하기

Хотеть + 동사 문법

Хотеть는 '~하고 싶다', '~하기 원하다' 뜻을 가진 동사입니다. 앞서 동사 변형 활용법을 배우면서 **Хотеть** 동사는 1식도, 2식도 아닌 동사라고 언급한 적 있습니다. 특이하게 변형하는 동사이니 다시 한번 그 활용법을 볼까요?

단수 인칭		복수 인칭	
나	Хочу	우리	Хотим
너	Хочешь	너희 / 당신	Хотите
그 / 그녀	Хочет	그들	Хотят

'나는 무엇을 하고 싶다'식의 문장을 만들려면 다음과 같은 형식을 따라야 합니다.

주어 + хотеть(변형형) + 동사 기본형

패턴 꽉!

Я хочу гулять на улице.
난 밖에서 산책하고 싶어.

Ты хочешь пить?
너 뭐 좀 마시고 싶니?

Он хочет купить машину.
그는 차를 사고 싶습니다.

Она хочет смотреть фильм.
그녀는 영화를 보고 싶어.

Мы хотим жить в городе.
우리는 도시에 살고 싶어요.

Вы хотите отдыхать?
쉬고 싶으세요?

Они хотят ответить на вопрос.
그들은 이 질문에 답을 하고 싶어요.

Я хочу воду.
난 물 마시고 싶어.

새 단어

Отдыхать 쉬다
Вопрос 질문
Ответить 대답하다
Вода 물

러시안 노트

Хотеть를 뒤따르는 동사는 항상 기본형임을 꼭 기억합시다! 구어체의 경우 Хотеть는 타동사이기 때문에 바로 뒤의 동사를 생략하고 대격 조사를 취한 명사를 쓰는 경우가 많습니다.

예 Я хочу воду. 나는 물을 [마시고 싶어].

Я хочу кофе. 나는 커피를 [마시고 싶어].

Я хочу собаку. 나는 강아지를 [키우고 싶어].

32 Аптека находится справа от банка.

약국은 은행 오른쪽에 있어요.

장소 부사에 관해 자세히 알아볼까요?

A : **Где находится аптека?**
약국은 어디 있어?

B : **Аптека находится справа от банка.**
약국은 은행 오른쪽에 있어.

A : **А где находится банк?**
그러면 은행은?

B : **А банк – слева от магазина «Имарт».**
은행은 이마트 왼쪽에 있지.

새 단어

Аптека 약국
Банк 은행
Справа 오른쪽에
Слева 왼쪽에
Находиться 위치하다

장소 부사

오른쪽에	Справа от + 명사 생격	왼쪽에	Слева от + 명사 생격
앞에	Впереди + 명사 생격	뒤에	Сзади + 명사 생격
위에	Наверху	아래에	Внизу

Справа от банка 은행 오른쪽에   **Слева от магазина** 가게 왼쪽에

'앞에'와 '뒤에'는 전치사 없이 바로 명사 생격을 붙이면 됩니다.

Впереди банка 은행 앞에   **Сзади магазина** 가게 뒤에

Остановка находится слева от банка.
정류장은 은행 왼쪽에 있어요.

Мой дом находится справа от аптеки.
우리 집은 약국의 오른쪽에 있습니다.

Вокзал находится сзади площади.
기차역은 광장 뒤에 있어요.

Машина стоит впереди дома.
차는 집 앞에 서 있어.

Наш офис находится наверху.
우리 사무실은 위에 있습니다.

Салон красоты находится внизу.
미용실은 아래에 있어요.

Я жду тебя слева от кассы.
난 계산대 왼쪽에서 널 기다리고 있어.

Я стою справа от памятника.
난 동상의 오른쪽에 서 있어.

새 단어

Остановка 정류장
Вокзал 기차역
Площадь 광장
Офис 사무실
Салон красоты 미용실
Ждать 기다리다
Касса 계산대
Стоять 서 있다
Памятник 동상

 러시안 노트

Здесь**и** Там

앞서 러시아어의 지시 대명사는 2개만 있다고 배웠죠? 장소를 가리킬 때 역시 같습니다. 러시아 사람에게는 '너와 내가 있는 이곳', 즉 Здесь(여기, 이쪽)가 있고 '너와 내가 없는 그 곳, 멀리 있는 곳, 또는 보이지 않는 곳', 즉 Там(거기, 저기, 그쪽, 저쪽)이 있습니다.

예 Банк находится там. 은행은 저쪽에 있어요.

　Здесь находится наш офис. 여기는 우리 사무실입니다.

33 Рис едят ложкой!
밥은 숟가락으로 먹는 겁니다!

계속해서 조격에 관해 배워볼까요?

A : **У вас есть палочки?**

혹시 젓가락 있으세요?

B : **Да, у нас есть палочки.**

네, 젓가락은 있는데요?

A : **Я хочу есть рис.**

밥 먹으려고요.

B : **Нет! Рис едят ложкой!**

아니죠! 밥은 숟가락으로 먹는 겁니다!

새 단어

Рис 밥
Ложка 숟가락
Палочки 젓가락

문법 더하기

명사 조격

남성형 명사	여성형 명사	중성형 명사
자음 → - ом -й / -ь → - ем	-а → -ой -я → -ей -ь → -ю	-о → -ом -е → -ем
Рис → Рисом Учитель → Учителем Музей → Музеем	Мама → Мамой Песня → Песней Ночь → Ночью	Окно → Окном Море → Морем

명사 조격은 수단을 표현하는 데 쓰입니다. 위 대화에 나온 것처럼 어떤 일을 어떤 도구로 한다는 형식을 생각하면 됩니다.

예 **Есть рис ложкой** 밥을 숟가락으로 먹다.

Писать письмо ручкой 편지를 펜으로 쓰다.

패턴 꽉!

Он закрыл рот рукой.

그는 입을 손으로 가렸다.

Она нажала на кнопку пальцем.

그녀는 버튼을 손가락으로 눌렀다.

Днём я обычно учу математику.

낮에는 제가 보통 수학을 배워요.

Мой брат занимается хоккеем.

우리 형은 아이스하키를 한다.

Я всегда сплю ночью.

밤에는 항상 잔다.

Он сильно удивил нас песней.

그는 그의 노래로 우리를 놀라게 했다.

Птица взмахнула крылом.

새는 날개를 쳤다.

Лес закончился полем.

숲은 밭으로 변했다.

새 단어

Рот 입

Рука 손

Нажать 누르다

Кнопка 버튼

Палец 손가락

Математика 수학

Хоккей 아이스 하키

Заниматься 하다, 일삼다

Птица 새

Взмахнуть [날개] 치다

Крыло 날개

Лес 숲

Поле 들, 밭

Закончиться
마치다, 끝나다

명사 조격은 다양한 의미를 가지기 때문에 암기해두는 게 좋습니다. 예를 들어 **Он сильно удивил нас песней**(그는 그의 노래로 우리를 놀라게 했다)라는 문장에서 **Удивить**(놀라게 하다) 동사는 뒤에 조격 조사를 취한 명사를 요구합니다('누구를 무엇으로 놀라게 하다' 형식).

또한 뒤에 따라오는 명사의 특정 격조사를 요구하는 동사가 있으면 동사만 외우는 것보다 뒤의 필수 명사 격조사까지 외우는 것이 러시아어 학습에 큰 도움이 됩니다. 예를 들어 **Заниматься** 동사는 언제나 조격 조사를 취한 명사를 요구하고 있습니다.

예 **Я занимаюсь спортом каждый день.** 나는 운동을 매일 해.

34

Я хочу стать писателем.

저는 작가가 되고 싶어요.

명사 조격을 복습하면서 Стать 동사의 활용법을 알아볼까요?

A : **Кем ты хочешь стать?**

넌 뭐가 되고 싶어?

B : **Я хочу стать писателем.**

저는 작가가 되고 싶어요.

A : **А кем хочет стать твой брат?**

너의 동생은 뭐가 되고 싶어 해?

B : **Он хочет стать финансистом.**

그는 금융 전문가가 되고 싶어 해요!

새 단어

Стать 되다
Писатель 작가
Финансист 금융 전문가

동사 Стать 활용법

단수 인칭		복수 인칭	
나	Стану	우리	Станем
너	Станешь	너희 / 당신	Станете
그 / 그녀	Станет	그들	Станут

Стать(되다) 동사는 '무엇이 될 것이다'라는 형식의 문장에 많이 쓰입니다. 미래에 대한 바람을 나타낼 때 **Хотеть** 동사와 함께 쓰이기도 합니다. 중요한 점은 **Стать** 동사 다음에 오는 명사는 항상 조격 형태로 바뀐다는 것입니다.

예 **Я хочу стать режиссёром.** 저는 영화 감독이 되고 싶어요.

　　Я стану учителем. 나는 선생님이 될 거야.

Я хочу стать спортсменом.

나는 운동 선수가 되고 싶어.

Кем ты хочешь стать?

너 누가 되고 싶니?

Он точно станет актёром.

그는 확실히 배우가 될 거야.

Она хочет стать врачом.

그녀는 의사가 되고 싶어해요.

Вы хотите стать финансистом?

금융 전문가가 되고 싶으세요?

Они не хотят стать жертвой.

그들은 희생자가 되고 싶지 않아요.

Я обязательно стану пилотом!

나는 꼭 비행기 조종사가 될 거야!

Ты правда хочешь стать художником?

넌 정말 화가가 되고 싶어?

새 단어

Спортсмен 운동 선수

Точно 확실히

Актёр 영화 배우

Врач 의사

Жертва 희생자

Пилот 비행기 조종사

Обязательно 꼭, 반드시

Художник 화가, 예술가

 러시안 노트

Стать 동사에 대한 질문하기

'넌 뭐가 되고 싶니?'라는 질문을 만들려면 Кто(누구)를 조격 형태인 Кем(누구로)으로 변형하면 됩니다.

예 Кем ты хочешь стать? 너 누가 되고 싶니?

Стать 동사의 부정형

러시아어 동사 부정형을 만들려면 동사 바로 앞에 не 조사를 붙이면 끝!

예 Я никогда не стану врачом! 나는 절대 의사가 되지 않을 거야!

35 Я люблю играть в футбол.

나는 축구를 하는 거 좋아해.

Любить 동사 활용법과 취미를 이야기할 때 쓰는 다양한 표현들을 배워볼까요?

A : **Что ты любишь делать?**

넌 뭐하는 거 좋아해?

B : **Я люблю играть в футбол. А ты?**

난 축구 하는 거 좋아해. 너는?

A : **А я очень люблю играть на пианино.**

나는 피아노 치는 거 아주 좋아해.

B : **Да? А я очень люблю слушать пианино!**

아, 그래? 나는 피아노 소리를 듣는 거 아주 좋아하거든!

새 단어

Любить 좋아하다, 사랑하다
Играть 놀다, 연주하다
Футбол 축구
Пианино 피아노

문법 더하기

동사 Любить + 동사 원형 문법

단수 인칭		복수 인칭	
나	Люблю	우리	Любим
너	Любишь	너희 / 당신	Любите
그 / 그녀	Любит	그들	Любят

Любить는 타동사이기 때문에 뒤에 오는 명사는 반드시 대격 형태여야 합니다.

예 **Я люблю** маму. 나는 엄마를 사랑해.

행동이나 상태를 나타날 때, **Любить** 뒤에 동사 원형을 쓰면 '~하는 것을 좋아하다'식의 문장이 됩니다.

예 **Я люблю** читать. 나는 책 읽는 것을 좋아해.

　Я люблю смотреть кино. 나는 영화를 보는 것을 좋아해.

106

패턴 꽉! -

Я люблю смотреть сериалы.
난 드라마를 보는 걸 좋아해.

Что ты любишь делать?
넌 뭐 하는 걸 좋아하니?

Он очень любит писать рассказы.
그는 단편 소설 쓰는 것을 아주 좋아해요.

Она любит задавать вопросы.
그녀는 질문하는 것을 좋아해요.

Мы любим гулять в парке.
우리는 공원에서 산책하는 걸 좋아합니다.

Вы любите фотографировать?
사진 찍는 것을 좋아하세요?

Они любят водить машину.
그들은 차 모는 걸 좋아해.

Я очень не люблю слушать оперу.
나는 오페라를 보는 걸 진짜 안 좋아해.

새 단어

Сериал 드라마,연속극

Рассказ 단편 소설

Задавать
[질문]하다, [문제를]내다

Фотографировать
사진을 찍다

Водить [차를] 몰다

Опера 오페라

러시안 노트

Играть + в + 운동

'어떤 스포츠를 한다'라는 표현은 **Играть** + в + 운동(명사 대격)입니다.

예 **Играть в футбол** 축구를 하다

Играть в хоккей 아이스 하키를 하다

Играть в теннис 테니스를 하다

'어떤 악기로 연주하다'라는 표현은 **Играть** + на + 악기(명사 전치격)입니다.

예 **Играть на скрипке** 바이올린을 하다

Играть на пианино 피아노를 치다

Играть на гитаре 기타를 치다

107

36 Я не умею плавать.
나는 수영할 줄 몰라.

'할 줄 안다/모른다' 표현하는 법을 알아볼까요?

A : Почему ты не плаваешь?

너 왜 수영 안 해?

B : Я боюсь воды.

난 물이 무서워.

A : Ты боишься воды? Но почему?

물 무섭다고? 왜?

B : Потому что я не умею плавать.

난 수영할 줄 모르거든.

새 단어

Плавать 수영하다
Бояться 무서워하다
Уметь 할 줄 알다

문법 더하기

Уметь + 원형 동사 문법

단수 인칭		복수 인칭	
나	Умею	우리	Умеем
너	Умеешь	너희 / 당신	Умеете
그 / 그녀	Умеет	그들	Умеют

Уметь + 동사 원형을 쓰면 '할 줄 안다' 형식의 문장이 됩니다.

예 Я умею петь. 나는 노래할 줄 알아.

Он умеет играть на скрипке. 그는 바이올린 할 줄 알아.

Уметь 앞에 Не를 붙이면 '할 줄 모른다'식의 문장이 되죠.

예 Я не умею плавать. 나는 수영할 줄 몰라.

Она не умеет играть в футбол. 그녀는 축구 할 줄 몰라.

패턴 꽉! - - - - - - - - -

Я умею рисовать картины.

나는 그림을 그릴 줄 알아.

Ты умеешь кататься на велосипеде?

너 자전거 탈 줄 아니?

Он умеет копить деньги.

그는 돈을 저축할 줄 아네.

Она не умеет играть на гитаре.

그녀는 기타를 칠 줄 몰라.

Мы умеем монтировать видео.

우리는 영상을 편집할 줄 알아요.

Вы умеете танцевать?

춤출 줄 아세요? [춤 잘 추세요?]

Они хорошо умеют играть в футбол.

그들은 축구를 할 줄 아네.

Я совсем не умею готовить!

나는 요리할 줄 전혀 몰라!

새 단어

Картина 그림

Рисовать [그림을] 그리다

Кататься 타다, 타고 다니다

Велосипед 자전거

Копить 저축하다

Видео 영상, 비디오

Монтировать 편집하다

Танцевать 춤추다

Готовить 요리하다

러시안 노트

Уметь는 '할 줄 알다/모르다'라는 뜻을 갖기도 하지만 '잘하다/못하다'라는 뜻도 있습니다. 예를 들어 Вы умеете танцевать?는 '춤을 잘 추세요?'가 됩니다.

원어민 따라하기

Кататься 동사의 정확한 의미는?

Кататься 동사는 사전을 보면 '타다, 타고 가다'로 소개되지만, 실은 '한가해서 즐거움을 위해 타고 다니다'라는 의미에 더 가깝습니다. 즉, 교통 수단을 타고 A시섬에서 B시섬까시 노날하는 섯을 표현하는 데에는 이 동사가 어울리지 않죠. 공원에서 여유롭게 자전거를 타거나, 호수에서 보트를 타고 풍경을 바라보면서 즐거운 시간을 보낼 때, 목적지는 상관없이 과정 자체를 즐길 때 쓰는 동사입니다.

3ㅋ

Я не могу сейчас говорить.
난 지금 통화할 수 없어.

이번에는 '할 수 있다/없다' 표현을 배워볼까요?

A : Алло! Привет!
여보세요? 안녕!

B : Извини, ты можешь позвонить позже?
미안한데, 혹시 좀 있다가 전화해 줄 수 있어?

A : Почему?
왜?

B : Я не могу сейчас говорить.
지금은 통화할 수 없어서.

새 단어

Позвонить 전화하다
Позже 좀 있다가, 나중에
Мочь 할 수 있다
Сейчас 지금

문법 더하기

Мочь + 원형 동사 문법

단수 인칭		복수 인칭	
나	Могу	우리	Можем
너	Можешь	너희 / 당신	Можете
그 / 그녀	Может	그들	Могут

Мочь 동사는 영어 'Can'의 쓰임새와 비슷합니다. 언제나 그렇듯이 동사 앞에 Не 조사가 붙으면 부정문이 됩니다.

예 Я могу позвонить позже. 나는 나중에 전화할 수 있어.

패턴 확!

Я могу рассказать о маме.

난 엄마에 대해 이야기할 수 있어.

Ты можешь ответить, пожалуйста?

너 혹시 답해 줄 수 있니?

Он не может купить квартиру.

그는 아파트는 살 수 없어요.

Она сейчас не может учить корейский язык.

그녀는 지금 한국어를 배울 수 없어요.

Мы не можем сделать это.

우리는 이걸 할 수 없네요.

Вы можете принести меню, пожалуйста?

혹시 메뉴를 갖다주실 수 있나요?

Они могут не знать это.

그들은 이걸 모를 수가 없어.

새 단어

Ответить 대답하다
Квартира 아파트
Принести 갖다 주다
Меню 메뉴

Мочь과 Уметь 차이

Мочь와 Уметь는 비슷하지만 차이가 있습니다. Уметь는 노력해서 얻은 실력으로 뭔가를 할 줄 안다는 부분이 더 강조되고, Мочь는 어떠한 가능성이 있기 때문에 행동이 이루어질 수 있음을 의미합니다. 예를 들어볼까요?

예 Он умеет копить деньги. 그는 돈을 저축할 줄 아네.

이 문장은 그의 능력에 집중합니다. 그 사람은 똑똑하고 금융 공부도 많이 했기 때문에 재테크를 잘한다는 맥락에서 나올 수 있는 문장입니다.

예 Он может копить деньги. 그는 돈을 저축할 수 있어.

이 문장의 의미는 다릅니다. 그는 돈을 많이 벌기 때문에 생활비를 쓰고도 따로 저축할 수 있는 여유가 있다는 뜻으로 이해해야 합니다. 그가 그렇게 할 수 있다는 가능성에 대한 문장이죠.

38 Красная площадь находится в центре Москвы.
붉은 광장은 모스크바 한가운데에 위치합니다.

명사 전치격의 더욱 다양한 표현법에 관해 알아볼까요?

A : Это уже Красная площадь?

여기가 벌써 붉은 광장인가요?

B : Нет, Красная площадь находится в центре Москвы

아니요. 붉은 광장은 모스크바 한가운데에 위치하고 있죠.

A : Тогда где сейчас мы?

그러면 우리는 지금 어디에 있나요?

B : Мы в парке Царицыно. Он на окраине города.

우리는 짜리쯔노 공원에 있습니다. 도시 외곽에 있는 곳이죠.

새 단어

Красная площадь
붉은 광장

Центр 시내, 도심

Окраина 외곽, 변두리

Тогда 그러면

문법 더하기

위치를 나타내는 다양한 표현

앞서 전치사 В와 На를 배웠죠? 두 전치사를 활용한 다양한 표현들을 배워볼까요?

В		На	
В квартире	아파트에서	На улице	길거리에서
В доме	집에서	На остановке	정류장에서
В стране	나라에서	На площади	광장에서
В дороге	가는 길에	На горе	산에서
В кино	영화관에서	На острове	섬에서
В отпуске	휴가 때	На родине	고향에서
В Корее	한국에서	На этаже	층에서
В театре	극장에서	На вокзале	기차역에서

Моя мама живёт в России.

우리 엄마는 러시아에 사세요.

Сегодня вечером я смотрю спектакль в театре.

오늘 저녁에는 극장에서 연극을 봐요.

Дом стоит на горе.

집은 산 위에 있어요.

В стране нет нефти.

국가에는 석유가 없습니다.

На улице очень тепло.

밖에는 날씨가 아주 따뜻해. [직역: 길거리에서 아주 따뜻해.]

Вы живёте в доме или в квартире?

단독주택 사세요, 아니면 아파트 사세요?

Я жду тебя на остановке.

정류장에서 기다리고 있어.

В кино идёт фильм «Паразиты».

영화관에서는 '기생충' 영화가 상영됩니다.

[직역: 영화관에서는 '기생충' 영화가 갑니다.]

Я куплю билет на вокзале.

티켓은 기차역에서 살게.

새 단어

Спектакль 연극

Нефть 석유, 오일

Тепло 따뜻하다

Билет 티켓, 표

러시안 노트

'우리 엄마' vs '내 엄마'

러시아 사람들은 '우리'라는 말을 잘 쓰지 않습니다. 한국어의 우리나라, 우리말, 우리 엄마 등은 러시아 사람에게는 아주 생소한 호칭입니다. '우리 남편'이라고 하면 나 말고도 남편을 공유하는 사람이 또 있다는 뜻이 됩니다. 그래서 러시아어를 할 때는 '우리' 대신에 '나의'라는 소유 대명사를 쓰는 것이 좋습니다.

Наша мама	우리 엄마	X	Моя мама	내 엄마	O
Наш муж	우리 남편	X	Мой муж	내 남편	O
Наш брат	우리 형	X	Мой брат	내 형	O

113

39 Я хочу поговорить с ним.

난 그와 함께 이야기 나누고 싶어.

인칭 대명사의 조격을 배워볼까요?

A : **Ты можешь завтра позвать Сашу?**
너 혹시 내일 사샤를 불러줄 수 있어?

B : **Да, конечно. А зачем?**
그래, 당연하지. 근데 왜?

A : **Я хочу поговорить с ним.**
사샤랑 이야기할 게 좀 있어서.

B : **Хорошо. Он тоже хочет поговорить с тобой.**
그래. 사샤도 너랑 이야기하고 싶어 해.

새 단어

Позвать 불러주다
Поговорить
이야기를 나누다
Тоже 역시, 또한

문법 더하기

인칭 대명사 조격

단수 인칭		복수 인칭	
나	Мной	우리	Нами
너	Тобой	너희 / 당신	Вами
그 / 그녀	(С) Ним / Ней	그들	(С) Ними

조격 조사를 취한 인칭 대명사의 가장 대표적인 쓰임새는 '…와/과 함께'입니다. 앞에 전치사 'С'를 쓰면 바로 그 뜻이 됩니다.

예 **Поговорить с ним** 그와 함께 이야기를 나누다

* '나와 함께'라는 표현은 불규칙이므로 따로 외우는 것이 좋습니다. (Со мной 나와 함께)

패턴 콱!

Он любит работать со мной .

그는 나랑 일하는 게 좋아.

Ты танцуешь с ней?

너 그녀랑 춤춰?

Я не хочу говорить с тобой.

너 너랑 이야기하고 싶지 않아.

Она не хочет учиться вместе с ним.

그녀는 그와 함께 공부하고 싶지 않아요.

С нами никто не гуляет.

우리랑 같이 노는 사람이 없어요.

Я могу остаться с вами?

나는 너희들이랑 남아도 돼?

Сегодня мы играем в футбол с ними.

우리는 오늘 그들이랑 축구 해.

새 단어

Работать 일하다
Остаться 남다
Вместе 함께, 같이

러시아어에서 동의하는 표현

Конечно와 Хорошо 외에도 동의를 표현하는 방법이 많습니다. 몇 가지 배워볼까요?

С радостью 기꺼이, 흔쾌히

전치사 С와 명사 조격 구조가 보이죠? 직역하면 '즐거움과 함께(뭔가를 해 주겠다)'입니다. 상대를 도와주는 일이 기쁠 때 쓰는 표현이죠.

С удовольствием 기꺼이, 반갑게

Удовольствие가 '만족, 기쁨, 즐거움'이라는 뜻을 가지므로 이 표현 역시 상대방의 말에 기쁜 마음으로 동의하거나, 반가운 마음으로 뭔가를 해 줄 수 있다는 의미로 쓰이죠.

40 Что ты делаешь днём?
넌 낮에 뭐해?

조격으로 이루어진 다양한 표현을 배워볼까요?

A : **Что ты делаешь днём?**
넌 낮에 뭐해?

B : **Днём я в университете.**
낮에는 대학교에 있지.

A : **А вечером? Есть свободное время?**
저녁에는? 시간 돼?

B : **Нет, вечером я занимаюсь спортом.**
아니, 저녁에는 운동해.

새 단어

Днём 낮에
Вечером 저녁에
Свободное время
한가한 시간, 쉬는 시간

문법 더하기

시간적 표현

하루 중 특정한 시간을 가리킬 때 명사 조격을 씁니다.

Утро 아침	→	**Утром** 아침에
День 낮	→	**Днём** 낮에
Вечер 저녁	→	**Вечером** 저녁에
Ночь 밤, 새벽	→	**Ночью** 밤에, 새벽에

비슷한 방식으로 끼니에 관해서도 말할 수 있습니다.

Завтрак 아침식사	→	**За завтраком** 아침 먹으면서, 아침을 먹을 때
Обед 점심	→	**За обедом** 점심을 먹으면서, 점심 할 때
Ужин 저녁식사	→	**За ужином** 저녁을 먹으면서, 저녁을 먹을 때

Я увижу Лену завтра вечером.
난 레나를 내일 저녁에 볼 거야.

Мы обсудим проблему за обедом.
우리는 점심을 먹으면서 이 문제를 해결하겠습니다.

У тебя есть свободное время завтра днём?
혹시 내일 낮에 시간 돼?

Я всегда читаю новости за завтраком.
나는 아침을 먹으면서 항상 뉴스를 봐.

Я часто смотрю телевизор ночью.
나는 TV를 밤에 자주 봐.

Я люблю гулять в парке утром.
아침에는 공원 산책을 좋아해.

Семья разговаривает за ужином.
가족은 저녁식사하면서 이야기를 나눈다.

새 단어

Обсудить
다면적으로 이야기하다,
[문제를] 해결책을 찾다

Проблема 문제

Новости 뉴스

Телевизор TV, 텔레비전

Семья 가족

Разговаривать
이야기를 나누다

Заниматься를 정확히 번역하기는 어렵습니다. '…을 하다', '…을 일삼다', '…을 종사하다'에 가깝죠. 이어서 취미, 운동, 여가 활동 등을 의미하는 단어들이 붙습니다. 주로 취미 생활을 설명할 때 쓰입니다.

예 Заниматься спортом 운동을 하나

　　Заниматься йогой 요가를 하다

　　Заниматься японским языком 일본어를 공부하다

　　Заниматься скрипкой 바이올린을 배우다

Q1 Хотеть 동사를 올바르게 사용하여 빈칸을 채워 보세요.

· Максим _____ есть.
막심은 먹고 싶지 않습니다.

· Студенты _____ отдыхать.
학생들은 쉬고 싶어 해요.

· Я _____ учиться.
나는 공부를 하고 싶지 않아.

· Кем ты _____ ?
넌 커서 누가 되고 싶니?

· Мы _____ учить русский язык.
우리는 러시아어를 배우고 싶어요.

· Что Вы _____ делать?
뭘 하고 싶으세요?

Q2 알맞은 단어를 사용하여 빈칸을 채워 보세요.

· Я всегда ем рис _____ .
난 항상 밥을 숟가락으로 먹어.

· Ты хочешь поговорить с _____ ?
그와 함께 이야기하고 싶어?

· Саша танцует с _____ .
사샤는 그녀와 춤을 춥니다.

· Сегодня мы играем в теннис с _____ .
오늘은 우리가 그들과 함께 테니스를 칩니다.

전치사 B와 Ha 중에 골라서 알맞게 채워 보세요.

(B / Ha) площади   광장에서   (B / Ha) театре   극장에서

(B / Ha) квартире   아파트에서   (B / Ha) улице   길거리에서

(B / Ha) доме   집에서   (B / Ha) вокзале   기차역에서

(B / Ha) острове   섬에서   (B / Ha) остановке   정류장에서

(B / Ha) стране   나라에서   (B / Ha) кино   영화관에서

(B / Ha) горе   산에서   (B / Ha) Корее   한국에서

(B / Ha) этаже   층에서   (B / Ha) окраине   외곽에서

(B / Ha) отпуске   휴가 때   (B / Ha) России   러시아에서

Q4 문맥에 맞게 Мочь나 Уметь를 넣어 문장을 완성해 보세요.

· Я _____ говорить по-китайски.
난 중국어를 할 줄 알아.

· У Лены есть деньги, она _____ купить квартиру.
레나는 돈이 있어. 그녀는 아파트를 살 수 있지.

· Я _____ позвонить тебе вечером. У меня нет времени.
난 시간이 없어서 너에게 저녁에 전화할 수 없어.

· Ты _____ плавать?
너 수영할 줄 알아?

· Максим _____ играть на пианино.
막심은 피아노를 칠 줄 압니다.

· Вы _____ принести меню, пожалуйста?
메뉴를 갖다 주실 수 있으세요?

Q1 Максим <u>не хочет</u> есть.

Студенты <u>хотят</u> отдыхать.

Я <u>не хочу</u> учиться.

Кем ты <u>хочешь стать</u> ?

Мы <u>хотим</u> учить русский язык.

Что Вы <u>хотите</u> делать?

Q2 Я всегда ем рис <u>ложкой</u>.

Ты хочешь поговорить с <u>ним</u>?

Саша танцует с <u>ней</u>.

Сегодня мы играем в теннис с <u>ними</u>.

Q3 <u>На</u> площади

<u>В</u> квартире

<u>В</u> доме

<u>На</u> острове

<u>В</u> стране

<u>На</u> горе

<u>На</u> этаже

<u>В</u> отпуске

<u>В</u> театре

<u>На</u> улице

<u>На</u> вокзале

<u>На</u> остановке

<u>В</u> кино

<u>В</u> Корее

<u>На</u> окраине

<u>В</u> России

Q4 Я <u>умею</u> говорить по-китайски.

У Лены есть деньги, она <u>может</u> купить квартиру.

Я <u>не могу</u> позвонить тебе вечером. У меня нет времени.

Ты <u>умеешь</u> плавать?

Максим <u>умеет</u> играть на пианино.

Вы <u>можете</u> принести меню, пожалуйста?

LEVEL 2

СИНИЙ 🪆🪆

Я позвоню маме послезавтра.
난 엄마에게 내일 모래 전화할게.

격조사 – 여격에 관해 배워볼까요?

A: **Ты часто пишешь письма маме?**

너 엄마에게 자주 편지 써?

B: **Нет, мы часто разговариваем по телефону.**

아니, 우리는 종종 통화해.

A: **Как часто вы разговариваете?**

통화는 얼마나 자주 해?

B: **Редко. Я позвоню маме послезавтра.**

자주 안 해. 엄마에게 내일 모래 전화할게.

새 단어

Послезавтра 내일 모래
Разговаривать 이야기하다
Телефон 전화
Редко 드물게, 아주 가끔씩

문법 더하기

명사의 여격

러시아어 여격은 대체로 한국어의 '~에게'에 해당됩니다.

남성형 명사	여성형 명사	중성형 명사
자음 → -у -ь / -й → -ю	-а / -я → -е -ь → -и -ия → -ии	-о → -у -е → -ю
Стол → Столу Музей → Музею Словарь → Словарю	Мама → Маме Ночь → Ночи Комедия → Комедии	Окно → Окну Море → Морю

Я рассказываю маме о России.
나는 엄마에게 러시아에 대해 이야기한다.

Она верит сестре.
그녀는 언니를 믿고 있어.

Он всегда дарит подарки папе на Рождество.
그는 아빠에게 항상 크리스마스 선물을 준다.

Мы часто звоним преподавателю.
우리는 선생님에게 자주 전화해요.

Папа объясняет сыну правила игры.
아빠는 아들에게 게임 규칙을 설명해 준다 .

Они хорошо отвечают учителю.
그들은 선생님에게 잘 답해줍니다.

Бабушка всегда пишет дедушке письма.
할머니는 할아버지에게 항상 손편지를 쓰신다.

Саша покупает одежду брату.
사샤는 형에게 옷을 사준다.

새 단어

Верить 믿다
Дарить 선물하다
Подарок 선물
Рождество 성탄절
Объяснять 설명하다
Правила 규칙, 원칙
Покупать 사다, 구매하다
Продавать 팔다
Иностранец 외국인
Посылать 보내다
Сообщение 문자

러시안 노트

명사 격조사를 선택하는 역할은 동사가 결정해 줍니다. 여격도 예외가 아닙니다. 뒤에 따라오는 명사가 꼭 여격이어야 하는 동사들이 있습니다.

Дарить 선물하다: 항상 누군가에게 무엇을 선물합니다.
　　예 Дарить подарок маме 엄마에게 선물을 하다
Звонить 전화하다: 항상 누군가에게 전화를 합니다.
　　예 Звонить брату 형에게 전화하다
Объяснять 설명하다: 설명의 상대는 항상 여격입니다.
　　예 Объяснять историю студенту 학생에게 역사를 설명하다
Покупать 사다: 누구에게/누구를 위해 무엇을 삽니다.
　　예 Покупать еду коту 고양이에게 밥을 사다

42 Мама звонит мне каждый вечер.
엄마가 나한테 매일 밤 전화해.

인칭 대명사의 여격도 함께 배워볼까요?

A : **Как часто тебе звонит папа?**

아빠가 너한테 얼마나 자주 전화해?

B : **Очень редко. Почти никогда.**

아주 가끔이야. 통화 거의 안 해.

A : **А мама?**

엄마는?

B : **А мама звонит мне каждый вечер.**

엄마는 나한테 매일 밤 전화하지.

새 단어

Почти 거의, 겨우

Никогда
결코, 그 어느 때도,
늘 ~하지 않다

Каждый 매, 마다

문법 더하기

인칭 대명사의 여격

단수 인칭		복수 인칭	
나	Мне	우리	Нам
너	Тебе	너희 / 당신	Вам
그 / 그녀	Ему / Ей	그들	Им

러시아어의 여격은 특정 동사 뒤에 따라오고, 대부분 한국어의 '~에게'와 같이 쓰입니다.

예 **Папа объясняет** мне **математику.** 아빠가 나에게 수학을 설명하신다.

패턴 꽉!

Ты мне не веришь?

너 나를 믿지 않니?

Я тебе всё расскажу.

난 너에게 다 이야기를 해줄게.

Брат подарил ему велосипед.

형은 그에게 자전거를 선물해 줬습니다.

Мама запретила ей гулять.

엄마는 그녀에게 산책을 금지했어요.

Бабушка всегда пишет нам письма.

할머니는 항상 우리에게 손편지 쓰신다.

Вам показать дорогу?

[당신에게] 길을 알려드릴까요?

Может, им помочь?

그들을 도와줄까?

새 단어

Верить 믿다, 신뢰하다
Велосипед 자전거
Запретить 금하다, 금지하다
Показать 보여주다
Помочь 돕다, 도와주다

Помочь 동사 활용

Помочь(돕다) 동사는 한국어의 경우 목적어 조사인 '~을/를'을 요구하지만, 러시아어는 항상 '~에게' 여격 조사를 요구한다는 점을 주의해야 합니다. 즉 **Помочь меня**(나를 돕다)는 비문이고 **Помочь мне**(나에게 돕다)가 올바른 표현입니다.

예 Ты можешь мне помочь, пожалуйста? 나를 좀 도와줄 수 있니?

Может, ему помочь? 그 사람을 도와줄까?

43 Мне двадцать пять лет.
난 스물 다섯 살이야.

나이를 표현하는 방법을 배워볼까요? (항상 여격이라는 점을 기억합시다.)

A : Сколько тебе лет?

    넌 몇 살이야?

B : Мне двадцать пять лет. А тебе?

    난 25살이야. 너는?

A : А мне двадцать два года.

    나는 22살이야.

B : Так я на три года старше тебя!

    그럼 난 너보다 3살 더 많구나!

새 단어

Год 연, 살 (나이 셀 때)
Старше 보다 나이 많다

문법 더하기

숫자 및 나이 표현

10	Десять	60	Шестьдесят
20	Двадцать	70	Семьдесят
30	Тридцать	80	Восемьдесят
40	Сорок	90	Девяносто
50	Пятьдесят	100	Сто

나이를 표현을 할 때는 아래와 같은 공식을 쓰면 됩니다.

명사 / 대명사 여격 + 숫자 + года / лет

패턴 꽉!

Бабушке восемьдесят семь лет.
할머니는 87세입니다.

Дедушке уже девяносто два года.
할아버지는 벌써 92세이십니다.

Ему всего пять лет.
그는 5살밖에 안 됐어.[직역: 그는 겨우 5살이야.]

В этом году ему уже тридцать лет.
올해 그는 벌써 30살이야.

Нам всем двадцать пять лет.
우리는 다 25살입니다.

Мужу Светы тридцать четыре года.
스베타의 남편은 34살입니다.

Жене Максима тридцать один год.
막심의 아내는 31살이야.

새 단어

Уже 벌써, 이미
Всего 오로지, 단지, ~밖에
Муж 남편
Жена 아내

러시안 노트

나이를 표현할 때 주의해야 할 점은 바로 **год**과 **лет** 단어의 구분입니다.

나이가 숫자 1로 끝날 때는 단수인 **год**을 써야 합니다.

예 Мне тридцать один год. 난 31살이야.

나이가 숫자 2, 3, 4로 끝날 때는 단수 생격인 **года**를 써야 합니다.

예 Мне тридцать три года. 난 33살이야.

Ей пятьдесят четыре года. 그녀는 54살이야.

그 외 나머지 숫자는 모두 **лет**으로 표현해야 합니다.

예 Мне двадцать восемь лет. 나는 28살이야.

Куда ты идёшь?

너 어디 가니?

동작 동사를 배웁니다. 먼저 기본적인 Идти와 Ходить에 관해 알아볼까요?

A : **Куда ты идёшь?**

너 어디 가니?

B : **Я иду в спортивный зал.**

헬스장에 가고 있어.

A : **Как часто ты туда ходишь?**

헬스장은 얼마나 자주 다녀?

B : **Я хожу туда каждый день.**

매일 다니지.

새 단어

Идти 가다, 오다
Ходить 다니다
Спортивный зал 헬스장

문법 더하기

Идти**와** Ходить **동작 동사 활용**

단수 인칭		복수 인칭	
나	Иду	우리	Идём
너	Идёшь	너희 / 당신	Идёте
그 / 그녀	Идёт	그들	Идут

단수 인칭		복수 인칭	
나	Хожу	우리	Ходим
너	Ходишь	너희 / 당신	Ходите
그 / 그녀	Ходит	그들	Ходят

Сейчас я иду в университет.

난 지금 대학교에 가는 중이야.

Я хожу в университет уже два года.

나는 대학교를 다닌 지 2년 지났어.

Мы идём в бассейн.

우리는 수영장으로 가고 있어요.

Он ходит в бассейн в нашем районе.

그는 우리 동네 수영장으로 다니고 있어.

Ты идёшь сегодня на концерт?

오늘 저녁에 공연 보러 가?

Вы часто ходите на выставки?

전시회에 자주 다니세요?

Они завтра идут в спортивный зал.

그들은 내일 헬스장에 갈 거야.

Я хожу в спортивный зал уже пять лет.

나는 헬스장에 다닌 지 5년 됐어.

새 단어

Бассейн 수영장
Район 동네, 지역
Концерт 콘서트, 공연
Выставка 전시회

러시안 노트

Идти는 일시적, Ходить는 반복적인 동작을 표현할 때 쓰입니다. 이러한 차이는 앞으로 모든 동작 동사에서 나타납니다. 어느 동사를 택해야 하는지는 문장 속에 있는 부사가 힌트를 줍니다.

Идти 동작 동사가 있는 문장은 '지금, 당장, 오늘'과 같은 부사가 등장합니다. 동작이 지금 이 순간 이루어진다는 뜻을 갖고 있는 부사들이죠. Идти는 흔히 '가다', '가고 있다'로 번역됩니다.
예 Сейчас я иду в магазин. 난 지금 슈퍼에 가고 있어.

Ходить 동작 동사가 있는 문장은 '보통, 자주, 원래' 등의 부사가 등장합니다. 반복적으로 계속해서 이루어지는, 습관적인 행동을 말하는 거죠. Ходить는 흔히 '다니다'로 번역됩니다.
예 Я часто хожу на концерты. 저는 자주 공연 보러 다닙니다.

45 Я езжу в Россию каждый год.
나는 러시아에 매년 가.

계속해서 동작 동사 Ехать와 Ездить에 관해 알아볼까요?

A : **Куда ты сейчас едешь?**

너 지금 어디 가니?

B : **Я еду в аэропорт. Сегодня я еду в Россию.**

공항으로 가고 있어. 오늘 러시아에 가거든.

A : **А как часто ты ездишь в Россию?**

러시아에는 얼마나 자주 가?

B : **Я езжу в Россию каждый год.**

난 러시아에 매년 가.

새 단어

Ехать 타고 가다
Ездить [타고] 다니다
Аэропорт 공항

문법 더하기

Ехать와 Ездить 동작 동사 활용

단수 인칭		복수 인칭	
나	Еду	우리	Едем
너	Едешь	너희 / 당신	Едете
그 / 그녀	Едет	그들	Едут

단수 인칭		복수 인칭	
나	Езжу	우리	Ездим
너	Ездишь	너희 / 당신	Ездите
그 / 그녀	Ездит	그들	Ездят

패턴 꽉!

Сейчас я еду в аэропорт.
난 지금 공항으로 가고 있어.

Я езжу в аэропорт каждый день.
난 공항에 매일 가.

Мы вечером едем в парк развлечений.
우리는 저녁에 놀이공원에 갈 거야.

Он ездит в парк развлечений каждую весну.
그는 봄마다 놀이공원에 갑니다.

Вы едете завтра на море?
내일 바닷가로 가세요?

Она ездит на море каждый год летом.
그녀는 바닷가로 매년 여름에 갑니다.

Они едут в магазин на машине.
그들은 차 타고 슈퍼에 가고 있어.

Ты едешь на автобусе или идёшь пешком?
너 버스 타고 가는 거야, 걸어서 가는 거야?

새 단어

Парк развлечений
놀이공원

Машина 자동차

Автобус 버스

Пешком 걸어서

러시안 노트

지난 과에 배운 **Идти**와 **Ходить**는 내 발로 걸어간다는 뜻을 지닌 반면 **Ехать**와 **Ездить**는 교통수단을 타고 간다는 뜻을 지닌 동사입니다. 자전거든 비행기든 교통수단으로 이동한다는 뜻을 전달하려면 반드시 **Ехать**와 **Ездить**를 써야 합니다. 특히 *Я иду в Россию 같은 비문을 조심해야 합니다. 내 발로 러시아연방 육지의 국경을 넘어가고 있다고 말하려는 게 아니라면 틀린 문장이죠.

또한 동사들 간에도 차이가 있습니다. **Ехать**는 '지금' 교통수단을 타고 이동한다는 뜻이고 **Ездить**는 '보통(자주)' 교통수단을 타고 이동한다'는 뜻을 지닙니다.

예 **Я сейчас еду в Россию.** 난 지금 러시아로 간다. (지금 막 비행기에 타서 이동 중이라는 뜻)

Я езжу в Россию каждый год. 난 러시아에 매년 간다. (러시아에 주기적으로 오간다는 뜻)

131

46 Сейчас я еду в больницу.
난 지금 병원에 가고 있어.

이번 과에는 동작의 목적, B + 명사 대격 형식을 배워볼까요?

A : **Ты сейчас где?**
너 지금 어디야?

B : **Я в автобусе.**
버스 안이야.

A : **А куда ты едешь?**
어디 가?

B : **Сейчас я еду в больницу.**
지금 병원에 가고 있어.

새 단어

Больница 병원

문법 더하기

동작 동사 + B 명사 대격 형식

전치사 B는 동작 동사와 어울릴 때 방향/목적지를 나타내는 기능도 있습니다. 명사 전치격과 헷갈릴 수 있기 때문에 그 차이를 유념해야 합니다.

장소 의미	방향 / 목적지 의미
일반 동사 + в + 명사 전치격	동작 동사 + в + 명사 대격
Я живу в Корее. 나는 한국에 살아요. Я учусь в университете. 나는 대학교에서 공부해요.	Я еду в Корею. 나는 한국에 가요. Я еду в университет. 나는 대학교에 가고 있어요.

패턴 꽉!

Завтра я иду в спортивный зал.
내일 내가 헬스장에 갈 거야.

Ты идёшь сегодня в школу?
너 오늘 학교에 가니?

Он каждый день ходит в парк.
그는 매일 공원에 [산책하러] 가요.

Сестра часто ездит в Пусан.
누나는 부산에 자주 간다.

Мы хотим ездить в Америку каждый год.
우리는 미국에 매년 가고 싶어요.

Когда вы идёте в музей?
박물관에 언제 가세요?

Дети ходят в бассейн каждую неделю.
아이들은 매주 수영장에 다녀요.

Я иду домой.
난 집으로 가고 있어.

새 단어

Каждый день 매일
Каждую неделю 매주
Каждый год 매년
Пусан 부산
Корабль 배

러시안 노트

동작 동사 뒤에 붙어 방향/목적지를 가리키는 명사는 대격 조사로 변형되어야 한다는 점을 기억 합시다.

Лететь / Летать 날아가다 / 날아다니다.
하늘길로 이동할 때에는 반드시 Лететь 혹은 Летать를 써야 합니다.
예 Я каждый год летаю в Россию. 난 러시아에 매년 왔다 갔다 해.
* Лететь와 Летать의 '지금/보통' 차이를 유념하세요.

Плыть / Плавать [배를 타고] 가다 / 다니다.
바다로 이동할 때에는 반드시 Плыть나 Плавать 동사를 써야 합니다. 수영한다는 뜻을 갖고 있 는 동사지만 배나 보트를 타고 바다 위로 이동한다는 문장을 만들 때에도 사용합니다.
예 Я сейчас плыву на корабле на Чечжудо. 난 지금 배 타고 제주도에 가고 있어.

Я хожу в спортивный зал два раза в неделю.
나는 헬스장에 일주일에 두 번 다니고 있어.

시간과 횟수를 표현하는 방법을 배워볼까요?

A : Как часто ты занимаешься спортом?
넌 얼마나 자주 운동해?

B : Я хожу в спортивный зал два раза в неделю.
난 헬스장에 일주일에 두 번 다니고 있어.

A : Когда ты туда ходишь?
언제 언제 가는 거야?

B : Я хожу туда в среду и пятницу.
수요일과 금요일에 가.

새 단어

Раз 번
Неделя 일주일
Среда 수요일
Пятница 금요일

시간과 횟수 표현하기

'일주일에 몇 번', '일년에 몇 번' 같은 표현은 **Раз**라는 단어를 다음과 같은 형식으로 쓰면 됩니다.

> 숫자 + раз / раза + в + 명사 대격

День 낮, 하루   Месяц 월, 달   Неделя 일주일   Год 연, 해

예 Я хожу в университет пять раз в неделю. 나는 일주일에 다섯 번 대학교에 다닌다.

Я езжу в Россию два раза в год. 나는 일년에 두 번 러시아에 가요.

* 두 번, 세 번, 네 번은 Раза를 써야 하고 나머지 횟수는 모두 Раз를 씁니다.

패턴 꽉! -

Я езжу в Россию два раза в год.
저는 일년에 두 번 러시아에 가요.

Как часто ты читаешь книги?
너 책을 얼마나 자주 읽니?

Он занимается спортом четыре раза в неделю.
그는 일주일에 네 번 운동을 합니다.

Мама пьёт лекарство три раза в день.
엄마는 하루 세 번 약을 드십니다.

Мы ходим в горы два раза в месяц.
우리는 한 달에 두 번 등산하러 갑니다.

Вы хотите ездить на море каждый год?
매년 바닷가로 가고 싶으신가요?

Дети едят три раза в день.
아이들은 하루 세 번 밥을 먹습니다.

Я летаю домой в Корею четыре раза в год.
나는 일년에 네 번 한국에 가요.

새 단어

Лекарство 약

Ходить в горы 등산하다

 러시안 노트

요일 표현하기

요일 표현과 함께 대격이 붙은 표현도 배워봅시다.

월요일	Понедельник	월요일에	В понедельник
화요일	Вторник	화요일에	Во вторник
수요일	Среда	수요일에	В среду
목요일	Четверг	목요일에	В четверг
금요일	Пятница	금요일에	В пятницу
토요일	Суббота	토요일에	В субботу
일요일	Воскресенье	일요일에	В воскресенье

48 Завтра я иду на концерт.
내일은 내가 공연 보러 가.

동작 동사와 На + 목적(~하러 간다)의 형식을 배워볼까요?

A : **Что ты делаешь завтра вечером?**
너 내일 저녁에 뭐해?

B : **Завтра я иду на концерт.**
내일은 내가 공연 보러 가.

A : **А сегодня? Может, чашку кофе?**
그러면 오늘은? 커피 한잔할래?

B : **К сожалению, сегодня я тоже не могу.**
미안한데, 오늘도 안 될 것 같아.

새 단어

Делать 하다
Вечером 저녁에
Концерт 공연, 콘서트
Чашка 컵, 잔
К сожалению
아쉽게도, 안타깝게도
Тоже ~도, 역시

문법 더하기

동작 동사 + На 명사 대격 형식

На 뒤에 명사 대격이 오면 전치사 B와 마찬가지로 장소가 아닌 방향/목적지 의미를 나타냅니다. 학습자들이 많이 헷갈리는 부분이므로 정확하게 기억해두는 게 좋습니다.

장소 – 일반 동사 + на + 명사 전치격	방향/목적지 – 동작 동사 + на + 명사 대격
Я живу на острове.	Я еду на остров.
나는 섬에서 살아요.	나는 섬으로 가요.
Я встретил его на почте.	Я иду на почту.
나는 그를 우체국에서 만났어.	나는 우체국에 가요.

패턴 쫙! -

새 단어

Я иду на остановку автобуса.
나는 버스 정류장으로 가고 있어.

Как часто ты ездишь на родину?
너 고향에 얼마나 자주 가니?

Саша едет на вокзал завтра.
사샤는 기차역에 내일 갈 거야.

В среду Маша едет на Тайвань.
마샤는 수요일에 대만으로 갈 거야.

Сейчас мы идём на занятие.
우리는 지금 수업하러 가고 있어요.

Когда вы обычно ходите на рынок?
장 보러 시장에 보통 언제 가세요?

Дети очень любят ездить на море летом.
아이들은 여름에 바닷가로 가는 것을 아주 좋아하죠.

Я хожу на работу каждый день.
난 매일 출근해.

Тайвань 대만

Занятие 수업

Рынок 시장

Работа 일, 노동, 근무

Ходить на работу
출퇴근하다, 직장에 다니다

Балет 발레

Фестиваль 축제

Семинар 세미나

러시안 노트

На 뒤에 장소나 위치를 뜻하는 명사가 오면 '~에 가다/~으로 가다'로 번역하면 됩니다. 그러나 특정 이벤트 또는 활동을 뜻하는 명사가 오면 '~하러 가다/~보러 가다'로 번역합니다.

예 Я иду на спорт. 난 운동하러 가고 있어.

Он едет на балет. 그는 발레 보러 가고 있어.

Когда ты идёшь на фестиваль? 너 축제 보러 언제 가?

Вы едете в пятницу на семинар? 혹시 금요일에 세미나에 가시나요?

49 Сегодня идёт сильный дождь.
오늘은 비가 엄청 많이 와.

동작 동사의 다양한 쓰임새를 배워볼까요?

A : **Какая сегодня погода?**
오늘은 날씨가 어때?

B : **Сегодня идёт сильный дождь.**
오늘은 비가 엄청 많이 와.

A : **Жалко! А что сейчас идёт в кино?**
안타깝다! 그러면 극장에 뭐 재미있는 거 안 하나?

B : **В кино сейчас идёт фильм «Паразиты».**
영화관에 지금은 '기생충'이 상영 중이지.

새 단어

Погода 날씨
Сильный 강하다, 세다
Дождь 비
Кино 영화
Снег 눈
Телевизор TV, 텔레비전

문법 더하기

동작 동사의 다양한 활용

1. 러시아어로 비, 눈, 우박 등에 관해 이야기할 때는 **Идти** 동사를 씁니다.

예 **Сегодня идёт сильный дождь.** 오늘은 비가 엄청 많이 와.

2. 방송 프로그램의 방영/영화관에서의 상영을 표현할 때도 **Идти** 동사를 씁니다.

예 **По телевизору** идёт «Бегущий человек»! 텔레비전에서 '런닝맨'이 나와!

3. 대중교통의 운행, 정기적인 연극, 공연, 전시회가 진행될 때도 역시 동작 동사를 씁니다.

예 **В Большом театре сейчас** идёт «Лебединое озеро».
볼쇼이 극장에서는 지금 '백조의 호수'를 보여줍니다.

138

패턴 좍! ------------------------------

На улице идёт сильный град!
밖에는 지금 우박이 많이 떨어지고 있어!

По телевизору идёт передача о еде.
TV에서 음식에 대한 프로그램이 나와.

Самолёт летает в Москву каждый день.
비행기는 모스크바까지 매일 날아가.

Метро в Москве ходит очень часто.
모스크바 지하철은 자주 운행해.
(모스크바 지하철 차 간격은 아주 짧다)

Что сейчас идёт в кино?
요즘 영화관에서 뭐 상영해?

В Сеуле летом всегда идёт сильный дождь.
여름에는 서울에 비가 항상 많이 와.

В музее идёт очень интересная выставка.
박물관에서는 아주 흥미로운 전시회가 진행 중이야.

Ты не знаешь, куда идёт этот автобус?
이 버스가 어디까지 가는지 혹시 아니?

새 단어

Град 우박
Передача 프로그램
Еда 음식
Метро 지하철
Интересный
재미있다, 흥미롭다

이번 과에서 배운 동작 동사의 사용에는 제한이 있습니다. 비, 눈 등의 날씨에 관한 이야기나 대중교통 운행, 공연, 영화, 전시 이야기를 할 때는 '보통/흔하게' 뜻을 지니더라도 **Ходить** 동사를 쓰지 않습니다. 대신에 위의 패턴 연습을 통해 배웠듯이 **Идти** 동사가 쓰입니다.

Дождь ходит Х   Дождь идёт О

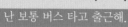
Ехать / Ездить 동작 동사의 활용법을 자세히 알아볼까요?

A : **Ты далеко живёшь?**

너의 집은 멀어?

B : **Нет, не очень.**

아니, 안 멀어.

A : **А как ты ездишь на работу? На метро?**

그러면 출퇴근 어떻게 해? 지하철로?

B : **Обычно я езжу на работу на автобусе.**

보통 출근은 버스 타고 해.

새 단어

Далеко 멀리
Работа 일, 직장, 회사
Метро 지하철
Автобус 버스

Ехать / Ездить **동작 동사의 활용**

교통수단으로 이동하는 것을 표현할 때에는 아래와 같은 문장 형식을 사용하면 됩니다.

Ехать / Ездить + на + 명사 전치격

Ехать / Ездить	на		
		Машине	차 타고 가다
		Метро	지하철 타고 가다
		Автобусе	버스 타고 가다
		Велосипеде	자전거 타고 가다
		Такси	택시 타고 가다

패턴 꽉! -

Обычно я езжу на работу на метро.
난 보통 출근할 때 지하철 타고 가.

Сейчас я еду в магазин на автобусе.
난 지금 버스 타고 마트에 가고 있어.

Мы ездим на дачу на машине.
우리는 다차 갈 때 차 타고 가요.

Они завтра едут в Сочи на поезде.
그들은 내일 소치 갈 때 기차 타고 가요.

Лена любит ездить за продуктами на велосипеде.
레나는 장 보러 갈 때 자전거 타고 가는 것을 좋아해요.

Почему ты никогда не ездишь на такси?
넌 왜 택시 안 타고 다녀?

Мои родители ездят на дачу на электричке.
우리 부모님은 다차 갈 때 시외열차 타고 가요.

Я всегда езжу домой на маршрутке.
난 집에 갈 때 항상 마을버스 타고 가.

새 단어

Дача 다차 (러시아식 별장)
Сочи 소치 (도시 이름)
Велосипед 자전거
За продуктами 장보러
Электричка 시외 열차
Маршрутка 마을 버스

 러시안 노트

러시아어에는 '출퇴근'이라는 단어가 따로 없습니다. 항상 따로 말해야 합니다.

예 Ходить на работу 회사를(직장을) 다니다.

　Идти утром на работу 출근하다('아침에 직장에 일하러 가다').

　Возвращаться вечером домой с работы
　퇴근하다('저녁에 직장을 떠나 다시 집으로 돌아가다').

구어체에서는 На работу나 С работы를 자주 들을 수 있습니다.

예 Ты куда? 어디 가냐?

　На работу. 출근 중.

Q1 다음 단어를 여격으로 바꿔 문장을 완성해 보세요.

· (Брат) Сестра верит _____ .
누나는 남동생을 믿습니다.

· (Сын) Мама каждый день звонит _____ .
엄마는 아들에게 매일 전화를 해.

· (Дочь) Папа всегда дарит _____ подарки.
아빠는 항상 딸에게 선물을 사주십니다.

· (Студент) Учитель объясняет математику _____ .
선생님은 학생에게 수학을 설명해줍니다.

· (Внук) Бабушка покупает _____ куртку.
할머니는 손자에게 재킷을 사주신다.

· (Преподаватель) Лена всегда быстро отвечает _____ .
레나는 교수님에게 답을 항상 빨리 해요.

Q2 그림을 보고 '누구는 몇 살' 형식의 문장을 만들어 보세요.

Катя, 4

Максим, 17

Лена, 32

Владимир, 78

다음 문장을 읽고 Идти 혹은 Ходить 중에 알맞은 동사를 골라 문장을 완성해 보세요.

· Я _____ в спортивный зал каждый день.
  난 매일 헬스장에 가.

· Как часто вы _____ на концерты?
  공연 보러 얼마나 자주 다니세요?

· Лена сейчас _____ в бассейн.
  레나는 지금 수영장에 가고 있어.

· Обычно я _____ в университет утром, но сегодня я _____
  туда днём.
  난 보통 대학교에 아침에 가는데 오늘은 낮 시간에 간다.

· Завтра мы _____ за продуктами.
  우리는 내일 장 보러 가요.

· Ты на автобусе или _____ пешком?
  넌 버스 탔어? 아니면 걸어서 가?

Q4 알맞은 전치사를 골라 문장을 완성해 보세요.

· Сейчас я еду (в / на) университет (в / на) автобусе.
  난 지금 버스 타고 대학교에 가고 있어.

· Я еду с мамой (в / на) отпуск (в / на) море.
  난 엄마랑 휴가 보내러 바닷가로 가고 있어.

· Мы идём (в / на) концерт (в / на) пятницу.
  우리는 이번 주 금요일에 공연 보러 갑니다.

· Родители едут (в / на) дачу (в / на) машине.
  부모님은 차를 타고 다차에 갑니다.

Q1   Сестра верит <u>брату</u>.

Мама каждый день звонит <u>сыну</u>.

Папа всегда дарит <u>дочери</u> подарки.

Учитель объясняет математику <u>студенту</u>.

Бабушка покупает <u>внуку</u> куртку.

Лена всегда быстро отвечает <u>преподавателю</u>.

Q2   Кате четыре года.

Максиму семнадцать лет.

Лене тридцать два года.

Владимиру семьдесят восемь лет.

Q3   Я <u>хожу</u> в спортивный зал каждый день.

Как часто вы <u>ходите</u> на концерты?

Лена сейчас <u>идёт</u> в бассейн.

Обычно я <u>хожу</u> в университет утром, но сегодня я <u>иду</u> туда днём.

Завтра мы <u>идём</u> за продуктами.

Ты на автобусе или <u>идёшь</u> пешком?

Q4   Сейчас я еду <u>в</u> университет <u>на</u> автобусе.

Я еду с мамой <u>в</u> отпуск <u>на</u> море.

Мы идём <u>на</u> концерт <u>в</u> пятницу.

Родители едут <u>на</u> дачу <u>на</u> машине.

MEMO

51 Вчера я смотрел документальный фильм.
어제는 내가 다큐 영화를 봤어.

동사의 과거형을 배워볼까요?

A : **Что ты делал вчера?**
너 어제 뭐 했어?

B : **Вчера я смотрел документальный фильм.**
어제 나는 다큐 영화를 봤어.

A : **А потом?**
그 다음에는?

B : **А потом я ужинал.**
그 다음에는 저녁식사를 했지.

새 단어

Вчера 어제
Документальный
фильм 다큐멘터리 영화
Потом 다음에

동사 과거형

러시아어 동사의 과거형은 어미 **-ть**를 빼고 과거를 의미하는 **-л**를 붙이면 됩니다. 주의할 점은 주어의 성입니다. 성에 따라 어미가 변화합니다.

	남성형 주어	여성형 주어	중성형 주어	복수형 주어
	-л	**- ла**	**- ло**	**- ли**
Смотреть 보다 Писать 쓰다 Ужинать 저녁을 먹다	Смотрел Писал Ужинал	Смотрела Писала Ужинала	Смотрело Писало Ужинало	Смотрели Писали Ужинали

* 러시아어 동사의 과거형은 인칭에 따라 변하지 않습니다.

주어가 1인칭이면 동사는 말하는 사람의 성에 따라 변화합니다. 남성이 자신에 관해 말할 때는 동사가 **-л**로 변하고 여성이 말할 때는 **-ла**로 변합니다.

패턴 꽉!

Я долго рассказывал о друге.
나는 친구에 대해 오랫동안 이야기하고 있었다.

Мама позвонила мне вчера вечером.
엄마는 어제 저녁에 나에게 전화하셨어.

Что ты подарил папе на день рождения?
생일 때 아빠에게 뭘 선물했어?

Вчера весь день я смотрел сериалы дома.
난 하루 종일 집에서 드라마를 보고 있었어.

Облака медленно плыли по небу.
구름은 하늘에서 천천히 날아가고 있었다.

Настя пригласила нас на ужин.
나스쨔는 우리를 저녁 먹으러 초대했다.

Солнце вставало над городом.
태양은 도시 위로 올라가고 있었다.

Я всё сказал.
난 할 말 다 했어.

새 단어

Долго 오랫동안
Весь день 하루 종일
Облако 구름
Небо 하늘
Пригласить 초대하다
Солнце 태양
Вставать 일어나다
Всё 모든 것, 다, 전부

러시안 노트

과거 관련 부사도 배워볼까요?

Прошлый 지난, 지나간

На прошлой неделе	В прошлом месяце	В прошлом году
지난 주에	지난 달에	작년에

예 Я смотрел этот фильм на прошлой неделе. 나는 이 영화를 지난 주에 봤어.

Назад 전에

Неделю назад	Месяц назад	Год назад
일주일 전에	한 달 전에	일년 전에

예 Я видел Таню месяц назад. 따냐를 한 달 전에 봤어.

147

52

Я сегодня ещё ничего не ел.

난 오늘 아무것도 먹지 못했어.

불규칙적으로 변화하는 동사 과거형을 배워볼까요?

A : **Почему ты такой злой?**

너 왜 그렇게 화가 났어?

B : **Я сегодня ещё ничего не ел.**

난 오늘 아무것도 먹지 못했거든.

A : **А да? А почему?**

아, 그래? 왜?

B : **Не мог найти время!**

시간 여유가 전혀 없었어!

새 단어

Ещё 아직
Ничего 아무것도
Злой 화나다
Найти 찾았다
Время 시간

 문법 더하기

불규칙 동사 과거형

1. **-ти**로 끝나는 동사의 남성형 과거형은 어미가 빠지고 어근이 남습니다.

Нести (손에 들고 가다) → **Нёс**   **Везти** (싣고 가다) → **Вёз**   **Спасти**(구원하다) → **Спас**

2. **-чь**로 끝나는 동사의 남성형 과거형은 **-чь**가 빠지고 어근에 'к/г'이 붙습니다.

Мочь (할 수 있다) → **Мог**   **Помочь**(돕다) → **Помог**   **Печь** (굽다) → **Пёк**

위의 예시는 동사의 남성형 과거 형태임을 주의합시다. 여성형, 중성형 및 복수형의 과거형은
51과에서 설명한 것과 같이 **-ла, -ло, -ли**가 붙습니다.

	남성형 주어	여성형 주어	중성형 주어	복수형 주어
Нести	Нёс	Несла	Несло	Несли
Мочь	Мог	Могла	Могло	Могли

패턴 꽉!

Саша нёс сумку на плече.
샤샤는 가방을 어깨에 걸치고 가고 있었다.

Мама везла одежду для сына.
엄마는 아들에게 줄 옷을 가지고 가고 있었어요.

Наш папа спас котёнка.
우리 아빠는 새끼 고양이를 구하셨어요.

Извини, я не мог тебе позвонить.
미안해, 난 전화할 수 없었어.

Мой брат очень сильно мне помог.
우리 형은 나를 많이 도와줬어.

Он очень много достиг в жизни.
그는 자기 인생에서 많은 것을 이뤘어.

Он берёг кольцо мамы всю жизнь.
그는 엄마의 반지를 평생 소중히 했어.

Сегодня мама весь день пекла пирог.
엄마는 오늘 하루 종일 파이를 굽고 계셨다.

새 단어

Плечо 어깨
Котёнок 새끼 고양이
Сильно 많이, 강하게, 세게
Достигать 도달하다, 이루다
Жизнь 인생, 삶
Беречь
보살피다, 소중히 하다
Кольцо 반지
Пирог 구운 케이크, 파이
Ни разу
한 번도 ~ 하지 않았다

러시안 노트

Есть 동사의 과거형은 예외적으로 변합니다. 외워야 합니다.

남성형 주어	여성형 주어	중성형 주어	복수형 주어
Ел	Ела	Ело	Ели

예 Мы ели борщ вчера. 우리는 보르쉬를 어제 먹었어요.

Идти 동사의 과거형도 불규칙이어서 주의해야 합니다.

남성형 주어	여성형 주어	중성형 주어	복수형 주어
Шёл	Шла	Шло	Шли

예 Я шёл в университет и встретил Сашу. 난 대학교에 가는 길에 사샤를 만났어.

53 В прошлом году я ездил в Китай.
난 작년에 중국에 갔다 왔어.

동작 동사의 과거형을 살펴볼까요?

A : **В прошлом году я ездил в Китай.**

난 작년에 중국에 갔다 왔어.

B : **Поэтому ты так хорошо говоришь по-китайски!**

그래서 네가 중국어를 그렇게 잘하는구나!

A : **Да. А ещё я ходил на курсы.**

응. 그리고 난 학원에도 다녔지.

B : **А я никогда не ездил заграницу...**

나는 해외에 가본 적도 없는데…

새 단어

Курсы 학원, 추가 수업
Граница 국경
Заграницу 해외에

문법 더하기

동작 동사 과거형

동작 동사의 과거형은 불규칙하게 변화하기 때문에 살펴봐야 합니다.

Идти 및 Ходить

남성형 주어	여성형 주어	중성형 주어	복수형 주어
Шёл	Шла	Шло	Шли
Ходил	Ходила	Ходило	Ходили

Ехать 및 Ездить

남성형 주어	여성형 주어	중성형 주어	복수형 주어
Ехал	Ехала	Ехало	Ехали
Ездил	Ездила	Ездило	Ездили

Я медленно шёл по улице и слушал музыку.

나는 천천히 걸으면서 음악을 듣고 있었다.

Она никогда не ходила на курсы.

그녀는 학원에 다녀본 적 없습니다.

Всю неделю шёл дождь.

비가 일주일 내내 왔다.

Позавчера мы ходили на концерт.

그저께는 우리가 공연 보러 갔다 왔어요.

Куда ты ездил в прошлом месяце?

너 지난달에 어디 다녀왔어?

Вы ездили в Корею?

혹시 한국에 가보신 적 있으세요?

Я ехал на автобусе и увидел Настю.

나는 버스 타고 가고 있었는데 나스쨔를 봤어.

Автобусы ходили очень часто.

버스는 배차 간격이 아주 짧았습니다.

[직역: 버스는 아주 자주 운영했습니다.]

새 단어

Пробовать
먹어보다, 시도하다

Держать обещание
약속을 지키다

Позавчера 그저께

Никогда не 문법

Никогда는 '결코, 한 번도 ~한 적 없다'의 뜻으로, 뒤에 오는 동사는 부정 형태를 취해야 합니다.

예 Я никогда не ходил на курсы. 나는 학원에 다녀본 적 없어.

　　Моя мама никогда не ездила заграницу. 우리 엄마는 해외에 가보신 적 없어요.

Никогда는 평서문에만 쓰입니다. '~해본 적 있으세요?'처럼 질문을 하고 싶으면 никогда 대신에 когда-нибудь(언젠가, 언제든, 한 번이라도)를 써야 합니다.

예 Ты когда-нибудь ходил в Большой Театр? 너 볼쇼이 극장에 가본 적 있니?

　　Твой друг когда-нибудь держал обещание?
　　너의 친구는 약속을 지킨 적 있기나 해?

54 Он раньше был студентом.
그는 예전에 학생이었어.

Быть + 명사 조격(명사는 명사였다) 형식에 관해 알아볼까요?

A : А Саша всё ещё живёт в Москве?

사샤는 아직도 모스크바에 사나?

B : Нет, он переехал во Владивосток.

아니, 그는 블라디보스톡으로 이사갔어.

A : Так он уже не учится?

그러면 그는 더 이상 공부 안 해?

B : Он раньше был студентом, а сейчас работает.

예전에 학생이었어. 지금은 일하고 있지.

새 단어

Всё ещё 아직도
Переезжать 이사하다
Владивосток 블라디보스톡
Раньше 예전에, 옛날에

존재 동사 Быть의 과거형

Я студент. 나는 학생이야. 이처럼 단순한 문장의 '과거형'을 만들 때에는 현재 시점에서는 생략된 Быть 존재 동사가 필요합니다. 물론 과거 형태로 바꿔서 활용해야 하죠.

남성형 주어	여성형 주어	중성형 주어	복수형 주어
Был	Была	Было	Были

* 주의해야 할 점은 문법이 Быть + 명사 조격으로 바뀐다는 점입니다.

[예] Я был студентом. 나는 학생이었어.

　　Он был туристом. 그는 관광객이었습니다.

*Я был студент는 틀린 표현이기에 결코 사용하지 않음을 기억해둡시다.

패턴 꽉!

Моя мама была преподавателем в школе.
우리 엄마는 학교 선생님이셨어.

Я раньше был переводчиком.
나는 예전에 통역사였지.

Он всегда был врачом.
그는 항상 의사였습니다.

Ты раньше был спортсменом?
너 예전에 운동 선수였어?

Твоя сестра была адвокатом?
너의 누나가 변호사였어?

Мой дедушка всегда был бизнесменом.
우리 할아버지는 항상 사업가셨어요.

Его жена очень давно была актрисой.
그의 부인은 아주 옛날에 배우였지.

Я был в туалете.
난 화장실에 있었어.

새 단어

Переводчик 통역사
Спортсмен 운동 선수
Адвокат 변호사
Бизнесмен 사업가
Туалет 화장실

 러시안 노트

Быть 동사는 한국어의 '~이다'에 해당합니다. 그러나 Быть는 말그대로 '있다'라는 존재 동사의 기능도 갖고 있습니다. 이 역시 현재 시제에서는 생략되지만, 과거형에는 써야 합니다.

예 Я был в туалете. 나는 화장실에 있었어.

Она была на концерте. 그녀는 공연에 있었어.

Мы были в школе. 우리는 학교에 있었어요.

Море было очень далеко. 바다는 아주 멀리 있었어요.

55 В молодости он ездил в Англию на стажировку.
그는 어렸을 때 영국에 유학하러 다녀왔어.

보다 다양한 시간적 표현을 배워볼까요?

A : **Почему он так хорошо говорит по-английски?**

그는 영어를 왜 그렇게 잘해?

B : **В молодости он ездил в Англию на стажировку.**

그는 어렸을 때 영국에 유학 다녀왔어.

A : **Вот оно что! А ты был в Англии?**

그렇구나! 그럼 너는 영국에 가 본 적 있어?

B : **На самом деле, я еду туда через два дня.**

사실, 이틀 후 그곳에 갈 거야.

새 단어

Молодость 젊음, 청춘기

Стажировка 유학

Англия 영국

На самом деле
사실은, 사실상

Через ~ 후에

Старость 노년기

У 옆에

Пенсия 연금

다양한 시간적 표현 - 인생의 시기

В молодости 어렸을 적, 젊은 시절, 청춘

예 **В молодости я очень много учился.** 어렸을 때 내가 공부를 많이 했지.

В старости 노년기, 은퇴 후에

예 **В старости я хочу жить у моря.** 노년기 땐 바닷가 옆에 살고 싶어.

На пенсии 노년기, 은퇴한 후

예 **На пенсии я хочу каждый день путешествовать и читать книги.**
은퇴한 후에는 매일 여행하고 독서를 많이 하고 싶어.

* Пенсия는 연금이라는 뜻으로 На пенсии는 러시아 사람들이 정말 많이 쓰는 표현입니다. 열심히 일해야
하는 청년/중년기와의 대조를 강조하기 위한 표현이기도 하죠.

패턴 꽉!

В молодости он каждый день занимался спортом.

그는 어렸을 때 매일 운동했어요.

В старости я не хочу жить в городе.

난 은퇴 후 도시에 살고 싶지 않아.

Что вы хотите делать на пенсии?

은퇴 후 뭘 하고 싶으세요?

Я еду в Японию через три дня.

난 사흘 뒤에 일본에 가.

Ты идёшь в отпуск через неделю?

일주일 후에 휴가로 가니?

Сегодня утром я ничего не ел.

난 오늘 아침에 아무것도 안 먹었어.

Завтра вечером я лечу в Таиланд.

난 내일 저녁에 태국으로 갈 거야.

У нас каникулы через месяц.

우리는 한 달 후에 방학할 거예요.

새 단어

Отпуск 휴가

Таиланд 태국

Каникулы 방학

Следующий 다음의

Через + 명사 대격

특정 기간 이후를 표현하려면 전치사 **Через**와 명사 대격 형식을 사용하면 됩니다.

Через день	하루 후에(내일모레라는 뜻)	Через два дня	이틀 후에
Через три дня	삼 일 후에	Через неделю	일주일 후에
Через месяц	한 달 후에	Через год	일 년 후에

예 Я поеду на стажировку в Америку через месяц.

　저는 한 달 후에 미국에 유학하러 가요.

　Мой следующий отпуск только через год. 다음 휴가는 일 년 후야.

56 Мне нравится учить русский язык.
난 러시아어를 공부하는 것을 좋아해.

Нравится(좋아하다, 마음에 들다) 동사의 활용법에 관해 알아볼까요?

A : Что тебе больше всего нравится?

네가 가장 좋아하는 게 뭐야?

B : Мне нравится учить русский язык.

난 러시아어 공부하는 것을 좋아해.

A : А почему?

왜?

B : Мне нравится русская литература и культура.

러시아 문학과 문화가 좋아.

새 단어

Нравится 좋아하다
Больше всего 무엇보다도
Литература 문학
Культура 문화

Нравится 동사 활용법

Нравится는 '좋아하다, 마음에 들다'라는 뜻으로 아래와 같은 형식으로 씁니다.

대명사 여격 + нравится + 동사 기본형 / 명사 주격

어떤 동작 또는 활동을 좋아한다고 말하고 싶을 때 Нравится 다음에 기본형 동사를 쓰면 됩니다.

예 Мне нравится гулять в парке. 나는 공원에서 산책하는 것이 좋아.

어떤 물건이나 현상을 좋아한다고 말하고 싶을 때 Нравится 다음에 명사 주격을 쓰면 됩니다.

예 Ей нравится борщ. 그녀는 보르쉬를 좋아해.

패턴 꽉!

Мне нравится играть в футбол.
난 축구하는 것을 좋아해.

Тебе нравится сочинять музыку?
너 작곡하는 거 좋아하니?

Ему очень нравится кататься на велосипеде.
그는 자전거 타는 것을 엄청 좋아해.

Маме не нравится это платье.
엄마는 이 원피스가 마음에 안 들어.

Нам очень нравится ваша лекция.
우리는 선생님의 강의가 아주 좋아요.

Как вам нравится наш город?
우리 도시는 마음에 드세요?

Им совсем не нравится жить в деревне.
그들은 마을에 사는 것을 좋아하지 않아.

Саше нравится Настя.
사샤는 나쓰쨔를 좋아해.

새 단어

Сочинять музыку
작곡하다

Велосипед 자전거

Платье 원피스

Лекция 강의, 강연

Деревня 마을, 지방

Город 도시

Комедия 코미디

러시안 노트

Нравится vs Любить

Любить와 Нравится는 비슷하게 쓰이지만, **Любить**는 '사랑하다'라는 의미로 보다 강한 감정을 나타냅니다. 반면 Нравится는 '마음에 들다' 정도로 약한 표현이라고 볼 수 있습니다.

예 **Я люблю гулять ночью по городу.** 나는 밤에 도시를 걸어 다니는 것을 좋아해.

  Мне нравится смотреть комедии. 난 코미디 영화가 좋아.

원어민 따라하기

'Нравится'는 이성에 대한 호감을 의미할 때도 널리 쓰이는 동사입니다.

예 **Косте нравится Света.** 고스쨔는 스베타를 좋아해.

  Лене нравится Максим. 레나는 막심을 좋아해.

5ㅋ

Раньше я любил ужасы, а сейчас – нет.

옛날에는 공포 영화를 좋아했었는데 지금은 안 좋아해.

명사의 복수 대격 조사를 배워볼까요?

A : **Тебе нравятся комедии или мелодрамы?**

넌 코미디 영화나 로맨스 영화 좋아해?

B : **Нет, не очень. Я люблю боевики.**

아니, 별로. 난 액션 영화가 더 좋아.

A : **А ужасы?**

공포 영화는?

B : **Раньше я любил ужасы, а сейчас – нет.**

옛날에는 공포 영화를 좋아했었는데 지금은 안 좋아해.

새 단어

Комедия 코미디 영화
Мелодрама 로맨스 영화
Боевик 액션 영화
Ужасы 공포 영화

사물 명사의 복수 대격

대격 조사는 명사가 생명체인지, 사물인지에 따라 그 형태가 달라집니다. 복수형 역시 그렇습니다. 이번 과에서는 명사가 사물일 때 복수형 대격 조사의 형태를 알아보겠습니다.

	남성형	여성형	중성형
복수 어미	-ы 또는 -и Столы → Столы Словари → Словари Музеи → Музеи	-ы 또는 -и Школы → Школы Деревни → Деревни Станции → Станции	-а 또는 -я Окна → Окна Моря → Моря

* 사물 명사인 경우 복수형 대격 조사는 단수형 대격 조사와 마찬가지로 주격과 차이가 없습니다.

패턴 꽉!

Я очень люблю цветы.
난 꽃을 아주 많이 좋아해.

Ты когда-нибудь видел хризантемы?
넌 국화를 본 적 있어?

Саша любит показывать на карте города и страны.
사샤는 지도에서 도시와 국가를 보여수는 것을 좋아해.

Мама очень не любит эти платья.
엄마는 이 원피스를 안 좋아하셔.

Нам совсем не нравятся его занятия.
우리는 그의 수업을 전혀 좋아하지 않아.

Вы можете показать ваши паспорта?
여권을 보여주실 수 있으세요?

Они никогда не читали эти книги.
그들은 이 책을 읽어본 적 없어요.

Мне не нравятся твои слова.
난 너의 말이 마음에 안 들어.

새 단어

Цветы 꽃
Видеть 보다
Хризантема 국화
Карта 지도
Паспорт 여권
Слово 단어, 마디, 말

러시안 노트

러시아어와 한국어의 복수형 표현의 쓰임새가 들어맞지는 않습니다. 흔히 러시아어의 복수는 한국어에서 단수로 번역됩니다. 러시아어에서 복수를 써야 하는 경우는 다음과 같습니다.

1. 보편적/일반적인 이야기를 할 때 복수형을 씁니다.

예 Я очень люблю цветы. 나는 꽃을 아주 많이 좋아해.
  (특정한 꽃 한 송이를 좋아하는 것이 아니라 전체적으로 모든 꽃을 좋아한다는 뜻)

2. 말 그대로 하나 이상을 뜻할 때입니다.

예 Мне не нравятся твои слова. 난 너의 말이 마음에 안 들어.
  (상대방이 한 글자만 말하고 침묵하는 게 아닌 이상 반드시 복수형을 사용해야 함)

58 А я очень люблю кошек.

생명체 명사의 복수형 대격 조사에 대해 자세하게 알아볼까요?

A : **Мне нравятся собаки. А тебе?**

　난 강아지를 좋아해. 너는?

B : **А я очень люблю кошек.**

　나는 고양이를 엄청 좋아해.

A : **А попугаи тебе нравятся?**

　혹시 앵무새도 좋아해?

B : **Нет, попугаев я не люблю.**

　아니, 앵무새는 별로 좋아하지 않아.

새 단어

Кошка 고양이
Собака 강아지
Попугай 앵무새

생명체 명사의 복수 대격

이번 과에서는 명사가 생명체일 때 복수형 대격 조사의 형태를 알아보겠습니다.

	남성형	여성형
복수 어미	자음 → -ов -й → -ев -ь → -ей Студент → Студентов Учитель → Учителей Попугай → Попугаев	-а → 어미 없음 -я → -ь -ия → -ий -ь → -ей Кошка → Кошек Студентка → Студенток Дочь → Дочерей

* 생명체는 신화나 동화에 나오는 극소수의 상상의 존재를 제외하고는 중성이 될 수 없기 때문에 생명체 명사의 중성형 복수형은 따로 없습니다.

패턴 꽉!

Я не люблю собак.

난 강아지를 안 좋아해.

Ты любишь учителей в твоей школе?

넌 너의 학교 선생님들을 다 좋아해?

Максим знает этих студентов.

막심은 이 학생들을 다 압니다.

Лена увидела подруг на остановке.

레나는 버스 정류장에서 여자 친구를 봤어.

Мы любим и ценим наших матерей.

우리는 우리 어머니들을 사랑하고 소중하게 생각하고 있습니다.

Вы слушаете врачей?

의사 말을 따라하세요? [직역: 의사 말을 들으세요?]

Они знают юристов в этой компании.

그들은 이 회사의 변호사들을 알고 있어요.

Я встретил корейцев в аэропорту.

나는 공항에서 한국 사람들을 만났어.

새 단어

Увидеть 보다
Подруга 여성 친구
Ценить 소중히 여기다
Юрист 변호사
Аэропорт 공항
Встретить 만나다

러시안 노트

−a로 끝나는 여성형 명사는 복수 대격형의 어미가 없어집니다.

Подруга → Подруг   Собака → Собак

그러나 −a로 끝나는 여성형 명사는 마지막 자음 직전에 자음이 있으면 발음을 쉽게 하기 위해서 −e−나 −o−가 생깁니다.

Кошка → Кошек   Студентка → Студенток

항상 그렇듯이 예외가 있습니다. 암기해야 합니다.

Братья → Братьев 형제늘을   Друзья → Друзей 진구늘을

Сестры → Сестёр 자매들을   Отцы → Отцов 아버지들을

Матери → Матерей 어머니들을   Люди → Людей 사람들을

Дочери → Дочерей 딸들을   Дети → Детей 아이들을

59 В этом месяце мне исполнилось 15 лет.
이번 달에 저는 15살이 됐어요.

10부터 20까지의 숫자를 배우고 나이에 대한 다양한 표현도 함께 배워볼까요?

A : Сколько тебе лет?

너 몇 살이니?

B : В этом месяце мне исполнилось 15 лет.

저는 이번 달에 15살이 됐어요.

A : А Максиму?

막심은?

B : А Максиму было 17 весной.

막심은 봄에 17살이 다 됐죠.

새 단어

Сколько 얼마나, 몇

Исполниться
[나이와 관련해] 되다

10에서 20까지의 숫자

러시아어의 숫자 10~19를 세는 방법은 다른 숫자 단위와는 다르므로 외워야 합니다.

11	Одиннадцать	16	Шестнадцать
12	Двенадцать	17	Семнадцать
13	Тринадцать	18	Восемнадцать
14	Четырнадцать	19	Девятнадцать
15	Пятнадцать	20	Двадцать

* 1로 끝나는 나이를 셀 때는 год. 2,3, 4로 끝나는 나이를 셀 때는 года. 나머지는 모두 лет이라고 해야 한다고 배웠죠. 10살~ 20살까지의 구간은 예외입니다. 마지막 숫자와는 상관없이 언제나 лет으로 표현하면 됩니다.

패턴 꽉! -

Мне скоро восемнадцать лет.
난 곧 18살이 될 거야.

Тебе уже двенадцать лет?
넌 벌써 12살이니?

Свете исполнилось пятнадцать лет в этом году.
스베타는 올해에 15살이 됐어.

Максиму было четырнадцать лет прошлой зимой.
막심은 지난 겨울에 14살이 됐지.

В этом месяце нам исполнилось девятнадцать лет.
우리는 이번 달에 14살이 됐습니다.

Сколько вам лет?
나이가 어떻게 되세요?

Им ещё только тринадцать лет.
그들은 아직 13살밖에 안 됐어.

Я уже взрослый!
난 벌써 어른이야!

새 단어

Скоро 곧, 머지 않아
Ещё только ~밖에 아직
Взрослый 어른, 성인

러시안 노트

Исполниться는 '나이가 다 되다'라는 의미로 쓰입니다. 이 동사 역시 나이에 관련된 동사이기 때문에 주어는 항상 여격이어야 한다는 점을 주의합시다.

예 Мне уже исполнилось восемнадцать лет! 난 벌써 18세가 다 됐어!

지난 생일, 특정 년도의 나이에 대해 이야기할 때는 Быть 동사의 과거형인 Было를 쓰면 됩니다. 이때 주어의 성은 중성이어야 한다는 점을 주의합시다.

예 В прошлом году мне было восемнадцать лет. 작년에는 내가 18세였어.

60 Я еле-еле уснул.
난 겨우 잠들었어

다양한 부사를 배워볼까요?

A : О чём ты так долго говорил с Леной?

레나와 무슨 이야기를 그렇게 오래 했어?

B : Мы просто так болтали о том о сём.

그냥 이런저런 수다 떨었어.

A : Вы так громко говорили! Я еле-еле уснул!

너무 시끄러웠어! 난 겨우 잠들었어.

B : Извини, мы не нарочно.

미안해, 일부러 그런 건 아니었어.

새 단어

Долго 오래
Просто так 그냥
Болтать 수다 떨다
О том, о сём 이런저런
Еле-еле 겨우, 간신히
Уснуть 잠들다
Нарочно 일부러

다양한 부사 사용

러시아에서 자주 쓰는 부사를 배워볼까요? 부사는 의미에 따라 여러 카테고리로 나뉩니다.

시간 부사 : **Сегодня** 오늘, **Утром** 아침에, **Зимой** 겨울에, **Рано** 일찍, **Поздно** 늦게, **Сейчас** 지금 등

원인 부사 : **Сгоряча** 홧김에, **Нарочно** 일부러, **Поневоле** 어쩔 수 없이, **Спросонок** 잠에서 깨지 않은 채 등

정도 부사 : **Очень** 매우, **Слишком** 지나치게, **Крайне** 극히, **Слегка** 살짝 등

장소 부사 : **Близко** 가까이, **Далеко** 멀리, **Рядом** 주변에, **Здесь** 여기, **Там** 저기 등

패턴 꽉!

Ты слишком часто пьёшь кофе.
넌 커피를 너무 자주 마셔.

Лена сгоряча бросила трубку.
레나는 홧김에 전화를 끊었어.

Я всегда езжу в Россию летом.
난 항상 러시아에 여름에 가.

Банк находится близко от остановки автобуса.
은행은 버스 정류장과 가까워.

Света слегка открыла окно.
스베타는 창문을 살짝 열었어.

Максим вернулся домой очень поздно.
막심은 집에 아주 늦게 돌아왔어.

Спросонок я не слышал звонка телефона.
잠에 깨어나지 않은 채 전화 소리 못 들었어.

Я не нарочно!
일부러 한 게 아냐!

새 단어

Бросить трубку
전화 끊다

Остановка 정류장
Открыть 열다
Вернуться 돌아오다
Звонок 벨, 전화 소리

러시안 노트

일부 부사는 어근을 두 번 반복하는 형태로 이루어집니다.

Еле-еле 겨우, 간신히 　　　　　　　Чуть-чуть 아주 조금, 살짝
Точь-в-точь 똑같이, 완전히 비슷하게 Только-только 방금, ~하자마자

예 Я чуть-чуть знаю английский язык. 난 영어를 아주 조금 해.
　　Он только-только вернулся домой. 그는 집에 방금 막 돌아왔어.

Q1 동사를 과거형으로 바꿔 문장을 만들어 보세요.

· **Лена каждый день (ходит)** _____ **на занятия в университет.**
레나는 매일 수업을 받으러 대학교에 갔었다.

· **Учитель (спрашивает)** _____ **домашнее задание.**
선생님이 숙제를 물으셨다.

· **Я (хочу)** _____ **гулять в парке.**
난 공원에서 산책하고 싶었다.

· **Мы (идём)** _____ **в школу.**
우리는 학교에 갔다.

· **Я никогда не (ем)** _____ **блины.**
난 블리느를 한 번도 먹어 본 적 없어.

· **Мама не (может)** _____ **плавать в детстве.**
엄마는 어렸을 때 수영을 못 하셨다.

Q2 그림을 보고 [보기]와 같이 문장을 만들어 보세요.

보기

Он студент → Он был студентом.

Он спортсмен   Саша врач   Она певица   Максим учитель

빈칸에 복수 명사 대격을 넣어 보세요.

· Я не люблю _____ .
  난 고양이를 안 좋아해.

· Лена очень любит _____ .
  레나는 앵무새를 무지 좋아해.

· Мы увидели много _____ в аэропорту.
  우리는 공항에서 많은 관광객을 봤어.

· Света часто покупает много _____ .
  스베타는 꽃을 자주 많이 산다.

· Учитель сказал прочитать много _____ .
  선생님은 책을 많이 읽으라고 하셨다.

Q4 보기의 부사를 주어진 문장에 적절하게 넣어 보세요.

보기	
	Редко, Быстро, Нарочно, Летом, Далеко

· Я еду _____ на море с мамой.

· Лена очень _____ вернулась домой.

· Максим живет очень _____ от школы.

· Я не _____ !

· Мы _____ ходим в спортивный зал.

Q1   Лена каждый день <u>ходила</u> на занятия в университет.

Учитель <u>спрашивал</u> домашнее задание.

Я <u>хотел</u> гулять в парке.

Мы <u>шли</u> в школу.

Я никогда не <u>ел</u> блины.

Мама не <u>могла</u> плавать в детстве.

Q2   Он был спортсменом.

Саша был врачом.

Она была певицей.

Максим был учителем.

Q3   Я не люблю <u>кошек</u>.

Лена очень любит <u>попугаев</u>.

Мы увидели много <u>туристов</u> в аэропорту.

Света часто покупает много <u>цветов</u> .

Учитель сказал прочитать много <u>книг</u>.

Q4   Я еду <u>летом</u> на море с мамой.

Лена очень <u>быстро</u> вернулась домой.

Максим живёт очень <u>далеко</u> от школы.

Я не <u>нарочно</u>!

Мы <u>редко</u> ходим в спортивный зал.

MEMO

61 Я хочу жить в большом городе.

나는 큰 도시에 살고 싶어.

형용사의 전치격 변화에 관해 알아볼까요?

A : **Где ты хочешь жить?**

넌 어디서 살고 싶니?

B : **Я хочу жить в большом городе.**

나는 큰 도시에 살고 싶어.

A : **Тебе нравится жить в квартире?**

아파트에 사는 게 좋아?

B : **Да, я хочу жить в просторной квартире.**

응, 넓은 아파트에 살고 싶어.

새 단어

Квартира 아파트
Просторный
넓다, 공간이 많다

형용사의 전치격

남성형	여성형	중성형
– ый /– ой → –ом –ий(к, г, х) → –ом –ий → –ем	– ая → –ой –ая(ж, ш, ч, щ) → –ей – яя → –ей	– ое → –ом – ее → –ем
Красивый город – Красивом городе 예쁜 도시 Синий паспорт – Синем паспорте 파란 여권 Большой театр – Большом театре 볼쇼이 극장 Мягкий стул – Мягком стуле 안락한 의자	Красивая улица – Красивой улице 예쁜 거리 Синяя ручка – Синей ручке 파란 펜 Младшая сестра – Младшей сестре 여동생	Красивое море – Красивом море 예쁜 바다 Синее небо – Синем небе 파란 하늘

170

패턴 꽉! -

Я живу в маленькой деревне.
나는 작은 마을에 살고 있어.

Тебе нравится учиться в шумном кафе?
시끄러운 카페에서 공부하는 게 좋아?

Саша рассказал нам о новом фильме.
사샤는 새 영화에 대해 우리에게 이야기했다.

Лена сидела на мягком диване.
레나는 안락한 소파에 앉았다.

Он раньше учился на актёрском факультете.
그는 예전에 연극학과에서 공부를 했어.

Вы можете рассказать о вашей старшей сестре?
선생님 누나에 대해 이야기해주실 수 있으세요?

Они долго гуляли по весенней улице.
그들은 봄의 거리를 따라 오랫동안 거닐었다.

Ты когда-нибудь был на зимнем море?
겨울 바다에 가 본 적 있어?

새 단어

Шумный 시끄럽다
Новый 새, 새롭다
Мягкий 부드럽다, 안락하다
Диван 소파
Актёрский 배우의, 연극의
Весенний 봄의
Зимний 겨울의

러시안 노트

몇 가지 활용도 높은 형용사를 더 배워볼까요?

Дорогой	비싸다	Дешёвый	싸다
Хороший	좋다	Плохой	안 좋다, 나쁘다
Тёплый	따뜻하다	Холодный	차갑다
Интересный	재미있다	Скучный	재미없다, 지루하다
Новый	새, 새롭다	Старый	오래되다, 낡다

62

Сегодня мне грустно.
난 오늘 슬퍼.

러시아어의 독특한 문법, 상태 부사 술어를 배워볼까요?

A : **Почему ты такой тихий?**

너 왜 그렇게 조용해?

B : **Мне сегодня грустно.**

난 오늘 슬퍼.

A : **Почему? Мне очень весело!**

왜? 난 신나는데?

B : **Мне здесь не интересно.**

난 여기가 재미없어.

새 단어

Тихий 조용하다
Грустный 슬프다
Весёлый 즐겁다, 신나다

문법 더하기

상태 부사 술어

러시아어 상태 부사란 형용사를 부사로 만든 품사를 뜻합니다. 문법적인 형태는 부사지만 문장 속 기능은 서술어이죠. 형용사의 어미 –ый를 빼고 어미 –o를 붙이면 됩니다.

Весёлый → Весело   Грустный → Грустно   Интересный → Интересно

쓰임새는 극히 한정되어 외우기 쉽습니다. 신체적, 감정적 상태를 표현할 때 주로 사용하죠.

예 Мне совсем не легко. 난 전혀 쉽지가 않아.

　Ему очень страшно. 그는 매우 무서워해.

* 주어는 항상 여격이라는 점을 주의합시다! 한국어로는 일반 형용사로 번역되지만 러시아어 문장을 만들 경우에는 일반 형용사가 올 수 없음을 주의해야 합니다.

패턴 꽉! -

Очень приятно познакомиться с вами!

만나서 너무 반갑습니다!

В этом ресторане очень вкусно.

이 레스토랑은 아주 맛있네.

Кажется, ему с нами не интересно.

그는 우리가 그리 재미있지가 않은가 보네.

Почему ты зеваешь? Тебе скучно?

왜 하품해? 지루해?

Ты можешь закрыть окно? Здесь очень холодно!

창문 좀 닫을 수 있어? 여긴 너무 추워!

Сегодня на улице очень тепло.

오늘은 밖이 아주 따뜻해.

Мне так стыдно, я не хотел этого делать.

난 이걸 하고 싶지 않았어, 너무 부끄러워.

Свете очень тяжело учиться.

스베타에게 공부는 아주 어려워.

새 단어

Лёгкий 쉽다, 간단하다

Страшный 무섭다

Обидный
안타깝다, 아쉽다

Познакомиться
만나다, 서로 알게 되다

Приятный 반갑다

Зевать 하품하다

Скучный
지루하다, 재미없다

Стыдный
부끄럽다, 창피하다

Тяжёлый 어렵다, 힘들다

러시안 노트

Я весёлый vs Мне весело

Я весёлый는 '나는 즐겁다', '나는 유쾌한 성격을 가진 사람이다'라는 뜻입니다. 형용사는 주체의 성격을 나타내기 때문에 주어인 '나'에 대한 정보를 알려주는 것입니다.

반면 Мне весело는 '나에게는 (어떤 것이) 즐겁게 느껴진다'라는 뜻에 가깝습니다. 여기서 주어는 여격으로 형성되었으니 '나'는 주어가 아니라 문장 속 행위의 대상자가 되는 것입니다. 비교해 보시고 헷갈리지 마세요!

Я скучный. 난 지루한 사람이야.   Мне скучно. 난 지루해 / 난 재미없어.

Я страшный. 난 무서운 / 못생긴 사람이야.   Мне страшно. 난 무서워.

63

러시아어 서수(1부터 10까지)를 배워볼까요?

A: Это ваш первый раз в Москве?

모스크바는 처음이신가요?

B: Да, я никогда не был в Москве.

네, 모스크바에 와본 적 없습니다.

A: В России вы тоже первый раз?

그러면 러시아도 처음이시겠죠?

B: Нет, в России я уже третий раз.

아니요, 러시아는 벌써 세 번째입니다.

새 단어

Первый 첫 번째, 처음
Третий 세 번째
Раз 번

문법 더하기

서수 I

첫 번째, 처음	Первый	여섯 번째	Шестой
두 번째	Второй	일곱 번째	Седьмой
세 번째	Третий	여덟 번째	Восьмой
네 번째	Четвёртый	아홉 번째	Девятый
다섯 번째	Пятый	열 번째	Десятый

'몇 번째'하는 식으로 순서를 셀 때는 러시아어의 раз라는 단어를 함께 쓰면 됩니다.

예 Я в Корее уже второй раз. 난 한국이 벌써 두 번째야.

Я ем борщ уже четвёртый раз. 난 보르쉬를 네 번째 먹는 거야.

174

패턴 콱! -

새 단어

Ты первый раз во Владивостоке?

너 블라디보스톡이 처음이야?

Много 많이, 여러 번	
Звать 부르다	
Официант 종업원, 웨이터	
Сколько 얼마, 몇 번	
Объяснять 설명하다	
Учебник 교재, 교과서	

Я смотрю этот фильм уже второй раз.

난 이 영화를 두 번째 보는 거야.

Света много раз была в Корее.

스베타는 한국에 여러 번 왔어.

Костя уже шестой раз зовёт официанта.

고스쨔는 종업원을 벌써 여섯 번째 불렀어.

Мы ни разу не были на его лекции.

우리는 그의 강의에 한 번도 못 가봤어.

Сколько раз вы ездили в Китай?

중국에 몇 번 가보셨나요?

Они здесь уже четвёртый раз.

그들은 여기에 네 번째야.

Я тебе уже второй раз объясняю!

이미 이야기를 했잖아![직역: 지금 벌써 두 번째로 설명하고 있어.]

러시안 노트

1. 특정 행위가 몇 차례 일어났는지 물으려면 **Сколько раз**하면 됩니다.

예 **Сколько раз** вы были в России? 러시아에 몇 번 가보셨나요?

2. 여러 번 일어났다고 말하려면 **Много раз**하면 됩니다. **Несколько раз**(몇 번, 두세 번)이
   라는 표현도 함께 외워둡시다.

예 Я **много раз** был в Сеуле. 난 서울에 많이 가봤어.

Я читал этот учебник **несколько раз**, но ничего не понял.
나는 이 교재를 두세 번 읽었는데 이해를 전혀 못했어.

3. 한 번도 일어나지 않았다고 말하려면 **ни разу не**를 쓰면 됩니다.

예 Я **ни разу не** ходил в Большой театр. 나는 볼쇼이 극장에 한 번도 가본 적 없어.

64

Я хочу купить новый телефон.
나는 새 핸드폰을 사고 싶어.

형용사의 대격을 배워볼까요?

A : **У тебя новый телефон?**

너 핸드폰 새로 샀어?

B : **Нет, но я хочу купить новый телефон.**

아니, 근데 새로 사고 싶어.

A : **Какой телефон ты хочешь?**

어떤 핸드폰을 사고 싶은데?

B : **Я хочу купить последний айфон.**

최신 아이폰 사고 싶어.

새 단어

Последний 마지막, 최신
Айфон 아이폰

형용사 대격

남성형		여성형	중성형
사물	생명체	– ая → –ую	
	–ый, –ой → –ого	– яя → –юю	
	–ий(к, г, х) → –ого	Красивая улица	변하지 않음
	–ий → –его	→ Красивую	Красивое море
변하지 않음	Новый студент	улицу	예쁜 바다
Новый телефон	→ Нового студента	예쁜 거리	Синее небо
새 핸드폰	새 학생	Синяя ручка	파란 하늘
	Прежний учитель	→ Синюю ручку	
	→ Прежнего учителя	파란 펜	
	예전 선생님		

176

Я хочу выбросить мой старый велосипед.
내 낡은 자전거를 버리고 싶어.

Я не помню старшего брата Лены.
난 레나의 오빠를 기억 못 해.

Я всё ещё помню прежнего учителя.
예전 선생님을 아직도 기억하고 있어.

Ты здесь видишь серьёзную проблему?
넌 이게 심각한 문제로 보여? [직역: 넌 여기서 심각한 문제가 보이니?]

Я не люблю синюю одежду.
난 파란색 옷을 안 좋아해.

Мы идём на важное собрание.
우리는 중요한 미팅에 가고 있어.

Она любит летнее утро.
그녀는 여름날 아침을 좋아해.

Не вижу ни одного высокого человека!
키 큰 사람이 한 명도 안 보여!

새 단어

Выбросить 버리다
Старый 낡다, 오래되다
Прежний 전, 옛
Все ещё 아직도
Серьёзный
심각하다, 중대하다
Проблема 문제
Важный 중요하다
Собрание 미팅, 회의
Летний 여름의
Высокий 높다, 키 크다

러시안 노트

형용사 대격에 대해 질문할 때는 **Какой** 의문사를 사용합니다.

예 Какой ты хочешь телефон? 니 이띤 핸드폰을 원하니?

Какого студента ты встретил на улице? 길가에서 어떤 학생을 만났어?

Какую одежду ты не любишь? 너 어떤 옷을 안 좋아해?

Я не вижу, какое там небо? 난 잘 안 보여. 그쪽은 무슨 하늘이야?

65 У меня сильно болит голова.
난 머리가 무척 아파.

신체 부위의 명칭 및 건강과 관련된 표현을 배워볼까요?

A : **Почему ты не учишься?**

너 왜 공부를 안 해?

B : **У меня сильно болит голова.**

머리가 무척 아파.

A : **Ты ходил в больницу?**

병원에는 갔다 왔어?

B : **Да. У меня простуда.**

응. 감기 걸렸어.

새 단어

Болеть 아프다, 병에 걸리다
Сильно 강하게, 세게, 많이
Голова 머리
Больница 병원
Простуда 감기

문법 더하기

아프다는 표현

병에 걸리거나 몸의 어느 부분이 아프다고 표현하려면 아래와 같은 문법을 사용하면 됩니다.

У + 명사 생격 + болит + 명사

예 У меня болит голова. 난 머리가 아파.

　У мамы болит живот. 엄마는 배가 아파.

아픔의 주체에 생격이 쓰였음을 주의합시다. 이는 신체 부위가 아플 때 주로 사용됩니다. 만일 주격을 사용하면 '병에 걸리다'와 같은 포괄적인 뜻이 되고, 동사 뒤에 질병을 가리키는 조격 명사가 올 수 있습니다.

예 Я болею. 난 아파.

　Он болеет простудой. 그는 감기에 걸렸어.

패턴 쫙!

У меня болят зубы.
난 이가 아파.

У папы сильно болит спина.
아빠는 등이 아파.

У бабушки очень болит поясница.
할머니는 허리가 아빠요.

Что у тебя болит?
너 어디가 아프니?

Саша болеет раком.
사샤는 암에 걸렸어요.

Профессор болеет гриппом.
교수님은 독감에 걸리셨어요.

Лена болеет уже два месяца.
레나는 벌써 두 달간 계속 아파요.

У меня ничего не болит!
난 괜찮아! [직역: 난 아무것도 아프지 않아.]

새 단어

Зубы 이, 이빨
Спина 등
Поясница 허리
Рак 암
Грипп 독감
Живот 배, 위
Горло 목

러시안 노트

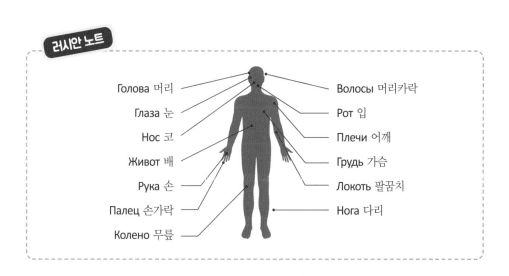

Голова 머리
Глаза 눈
Нос 코
Живот 배
Рука 손
Палец 손가락
Колено 무릎

Волосы 머리카락
Рот 입
Плечи 어깨
Грудь 가슴
Локоть 팔꿈치
Нога 다리

66 Я стою у старого памятника.
난 오래된 동상 옆에 서 있어.

형용사의 생격에 대해 배워볼까요?

A : **Ты где? Я тебя не вижу!**
너 어디야? 안 보이는데?

B : **Я стою у старого памятника.**
난 오래된 동상 옆에 서 있어.

A : **А я стою у большой аптеки, в центре.**
나는 큰 약국 옆이야, 가운데 서 있어.

B : **Хорошо, я иду к тебе.**
알았어, 그쪽으로 갈게.

새 단어

Старый 오래되다, 낡다
Памятник 동상
Аптека 약국

문법 더하기

형용사의 생격

남성형	여성형	중성형
–ый, –ой → –ого –ий(к, г, х) → –ого –ий → –его	– ая → –ой – яя → –ей	– ое → –ого – ее → –его
Новый студент → Нового студента 새 학생 Прежний учитель → Прежнего учителя 전 선생님	Красивая улица → Красивой улицы 예쁜 거리 Синяя ручка → Синей ручки 파란 펜	Большое озеро → Большого озера 큰 호수 Синее небо → Синего неба 파란 하늘

생격의 다양한 쓰임새 중 한 가지는 장소를 가리키는 전치사 у입니다.

예 **Я стою у высокого здания.** 저는 높은 건물 옆에 서 있어요.

패턴 꽉!

У меня нет зимней обуви.

난 겨울 신발이 없어.

У тебя нет красной ручки?

너 혹시 빨간 펜 있어?

Он ждёт нас у железнодорожного вокзала.

그는 기차역 옆에 우리를 기다리고 있어.

Я сижу у большого окна.

난 큰 창문 옆에 앉아 있어.

У тебя нет лишнего карандаша?

너 혹시 만년필 또 없니?

Она жила у Восточного моря.

그녀는 동해에 살았다. [직역: 그녀는 동쪽 바다 옆에 살았다.]

Дом стоял у синего озера.

집은 파란 호수 옆에 있었다.

У меня нет ничего вкусного!

난 맛있는 게 없어!

새 단어

Зимний 겨울의

Обувь 신발

Красный 빨간[색]

Железнодорожный 철도의

Лишний 여분의, 과잉의

Вкусный 맛있다

러시안 노트

러시아어의 지명, 특히 바다 이름과 같은 경우에는 형용사와 명사의 결합으로 이루어진 지명들이 많습니다. 대표적으로 한반도를 둘러싸는 바다를 볼까요?

Восточное море   동해

직역은 '동쪽의 바다'입니다.

Жёлтое море   서해

직역은 '노란색의 바다'입니다. 바로 황해죠.

Корейский пролив   남해

남해는 러시아에서 공식적으로 '한국의 해협'으로 불립니다.

6과 Я люблю фильмы о приключениях.

난 모험 영화를 엄청 좋아해.

복수형 격조사를 배워볼까요? 이번에는 복수 전치격 차례입니다!

A : **Какие фильмы ты любишь?**

넌 어떤 영화를 좋아해?

B : **Я люблю фильмы о приключениях.**

난 모험 영화를 엄청 좋아해.

A : **А да? А я люблю фильмы о динозаврах.**

아, 그래? 나는 공룡 영화를 좋아하는데.

B : **Мне они тоже нравятся.**

나도 좋아해.

새 단어

Приключение 모험, 탐험
Динозавр 공룡

문법 더하기

복수형 명사의 전치격

복수형 명사의 전치격 어미는 성과 상관없이 –ах 또는 –ях입니다.

–а / –ы 로 끝나는 복수 명사는 항상 –ах	–и / –я 로 끝나는 복수 명사는 항상 –ях
Столы – Столах	Словари – Словарях
Комнаты – Комнатах	Учителя – Учителях
Окна – Окнах	Моря – Морях

예 **На окнах висят шторы.** 커튼은 창문에 걸려 있어요.

Мы говорили об учителях. 우리는 선생님들에 대해 이야기를 했어요.

182

Я не люблю фильмы о пиратах.
난 해적 영화를 별로 좋아하지 않아.

Вы уже слышали об императорах России?
너희들은 러시아의 황제들에 대해 들어본 적 있어?

Она не любит говорить о проблемах.
그녀는 문제에 대해 이야기하고 싶지 않아.

Студенты сейчас на занятиях.
학생들은 지금 수업을 듣고 있어요.

[직역: 학생들은 지금 수업에 있어요.]

Мы много читаем о президентах Америки.
우리는 미국의 대통령들에 관해 많이 읽어요.

В музеях Европы всегда очень интересно.
유럽 박물관에서는 항상 재미있어요.

В аэропортах всегда очень шумно.
공항에서는 항상 시끄러워요.

Он сейчас у Лены в гостях.
그는 지금 레나네 집에 있어.

새 단어

Шторы 커튼
Пираты 해적
Император 황제, 왕
Президент 대통령
Аэропорт 공항
Шумно 시끄럽다

러시안 노트

앞서 배웠듯이 러시아어와 한국어의 복수형의 의미는 다릅니다. 한국어로 번역하면 대부분의 경우 복수 어미인 '–들' 없이 단수형이 됩니다. 러시아어로 단수형을 쓸지, 복수형을 쓸지 고민될 때는 문장의 내용을 봐야 합니다.

예를 들어, Я не люблю фильмы о пиратах를 직역하면 '해적들에 대한 영화들'입니다. 하지만 фильм о пирате를 직역하면 '해적 활동을 했던 특정 인물에 대한 특정한 영화 한 편'이라는 뜻이 되어버립니다. 러시아어의 단수는 항상 '오직 단 하나'인 뜻을 갖기 때문입니다. 이토록 상세한 의미를 전달하려는 의도가 아닌 일반에 관한 표현이라면 반드시 복수형을 써야 합니다.

68 Я думал, что ты знаешь!
네가 알고 있다고 생각했어!

두 문장을 이어주는 접속사 что를 배워봅시다.

A : Почему ты не сказал мне, что
   сегодня нет занятий?

   오늘 수업이 없다고 나한테 왜 말 안 했어?

B : Я думал, что ты знаешь!

   네가 알고 있다고 생각했어!

A : Я не знал! Сегодня рано встал...

   난 몰랐지! 오늘 일찍 일어났어⋯

B : Извини, я думал, что все знают.

   미안해, 모두가 알고 있다고 생각했어.

새 단어

Знать 알다
Рано 일찍
Встать 일어나다
Все 모두, 다들

문법 더하기

Что 접속사

러시아어의 가장 대표적인 접속사는 **что**입니다. 소위 말하는 인지 동사(**Думать** 생각하다, **Знать** 알다, **Понимать** 이해하다) 뒤에 오고 한국어에서는 주로 '~고 생각하다/알다/이해하다' 식의 문장을 만들어 줍니다.

예 Я думал, что ты видел этот фильм. 난 네가 이 영화를 봤다고 생각했어.

   Я знаю, что он ни разу не ездил в Россию.
   그 사람이 러시아에 한 번도 못 가본 것으로 알고 있어.

* Что는 평서문 접속사입니다. 종속 문장이 의문문이나 권유문이라면 접속사는 달라집니다. 이에 관해서는 다음에 배워보도록 합시다.

패턴 꽉!

Ты думаешь, что он знает о нас?
그가 우리에 대해 안다고 생각해?

Я знаю, что Лена сейчас в России.
레나가 지금 러시아에 있다고 알고 있어.

Вы не знали, что Катя говорит по-корейски?
까쨔는 한국말을 잘 한다는 걸 모르셨어요?

Я даже не думал, что Сеул – такой большой город.
서울이 이렇게 클 거라고 생각 못했어요.

Они не знали, что сегодня суббота.
그들은 오늘이 토요일인 걸 몰랐습니다.

Ты помнишь, что сегодня у нас вечеринка?
오늘 우리의 파티가 있다는 걸 기억하니?

Учитель думал, что студенты забыли о домашнем задании.
선생님은 학생들이 숙제를 잊어버렸다고 생각했어요.

Ты думал, что я не узнаю об этом?
내가 이걸 못 알아낼 거라고 생각했어?

새 단어

Даже …도, 심지어
Помнить 기억하다
Вечеринка 파티
Домашнее задание 숙제
Узнать 알아내다, 알게 되다

Даже не… 표현

Даже는 '심지어, 조차'라는 뜻을 가진 조사입니다. 명사나 동사를 강조하는 역할을 합니다.

예 **Я даже книгу купил!** 난 심지어 책도 샀어!

Ты даже этот фильм не видел? 너 이 영화조차 못 봤어?

인지 동사에 붙으면 '~하지도 못하다, ~하는 것 자체를 못하다'식의 문장을 만들 수 있습니다.

예 **Я даже не знал, что Лена сейчас в Корее!** 난 레나가 지금 한국에 있다는 것 자체를 몰랐어!

Я даже не понял, что она – кореянка! 그녀가 한국 사람이라는 것을 이해하지도 못했어!

69 Купи, пожалуйста, хлеб!
빵 좀 사 올래?

동사의 명령형을 배워볼까요?

A : **Когда ты вернёшься домой?**

너 언제 집으로 돌아올 거야?

B : **Примерно в семь часов вечера.**

저녁 7시쯤.

A : **Хорошо. Тогда купи, пожалуйста, хлеб!**

잘됐다. 그러면 빵 좀 사 올래?

B : **Булочная мне не по дороге...**

빵집은 내가 가는 길에는 없는데…

새 단어

Вернуться 돌아오다
Примерно 약, 가량, ~쯤
Булочная 빵집
По дороге 가는 길에

문법 더하기

동사의 명령형

동사의 명령형을 만들 때 가장 많이 사용하는 방법은 바로 −и 또는 −й 어미를 붙이는 것입니다.

* -и 또는 -й 어미는 동사의 2인칭형 어근에 붙습니다.

Купить 사다 – Купишь (너) 산다 – Купи 사라

Смотреть 보다 – Смотришь (너) 본다 – Смотри 봐라

동사 어근이 모음으로 끝날 때는 −й 어미를 붙이면 됩니다.

Играть 놀다 – Играешь (너) 논다 – Играй 놀아라

Объяснять 설명하다 – Объясняешь (너) 설명한다 – Объясняй 설명해라

패턴 꽉!

Купи, пожалуйста, молоко!

우유를 좀 사 올래?

Не играй с ним!

그와 놀지 마!

Принеси, пожалуйста, мою сумку.

내 가방을 좀 갖다줄래?

Узнай его адрес, пожалуйста.

그 사람의 주소를 좀 알아내 줘.

Стой там, никуда не ходи!

거기 서 있어, 움직이지 마![직역: 거기 서 있어, 아무 데나 가지 마!]

Я хочу есть, зови официанта.

난 배고파, 웨이터를 불러 줘.

Живи в этой квартире, тут хорошо!

이 아파트에 살아, 여긴 좋잖아.

Думай как хочешь.

마음대로 생각해라.

새 단어

Молоко 우유

Принести 갖다 주다

Адрес 주소

Никуда 아무 데나, 어디라도

러시안 노트

아무리 친한 친구에게 하는 말이더라도 동사의 명령형에는 Пожалуйста를 쓰는 것이 좋습니다. 동사의 명령형만 사용하면 어감이 매우 거칠고 무례하며, 상하관계를 벌리는 느낌이 들기 때문입니다. 상대에게 부탁을 할 때(혹은 명령을 하더라도) Пожалуйста를 씁시다.

원어민 따라하기

Как хочешь 네 마음대로 – 직역하면 '네가 원하는 대로'입니다. 얼핏 보면 중립적 표현으로 보이지만 억양에 따라 무례하게 들릴 수 있으니 조심할 필요가 있습니다.

예 A: Куда пойдём? 어디로 갈까?

　　B: Как хочешь. 난 상관없어.

동사의 명령형 이후에 오는 말이면 어감이 거칠어 듣는 이의 기분이 상할 수 있습니다.

예 Делай как хочешь. 알아서 해 [직역: 원하는 대로 해라]

09 Молодой человек!
저기요?

다양한 호칭과 예의 있는 표현을 배워볼까요?

A : **Молодой человек!**

저기, 죄송한데요!

B : **Да, я вас слушаю.**

네, 말씀하세요.

A : **Извините, не подскажете, где здесь туалет?**

죄송한데, 화장실이 어디에 있는지 알려주실 수 있을까요?

B : **На втором этаже.**

2층으로 올라가세요.

새 단어

Молодой человек
젊은 남성, 총각

Подсказывать
귀띔해주다

Туалет 화장실

Этаж 층

다양한 호칭

러시아어는 호칭이 발달한 언어입니다. 상대를 칭할 때 듣는 이의 기분이 상하지 않도록 각별히 신경 써야 합니다. 일반적으로 서비스직 또는 잘 모르는 사람을 부를 때는 중립적인 호칭을 자주 씁니다.

Молодой человек! 직역하면 '젊은 남성, 총각'이지만 남성이면 누구에게나 쓸 수 있는 말입니다.

Девушка! 역시 직역하면 '젊은 여성, 아가씨'지만 여성이면 누구에게나 쓸 수 있습니다.

적절한 호칭이 무엇인지 헷갈린다면 중립적이고 예의 있어 보이는 표현을 쓰면 됩니다.

Извините! 죄송한데요!   **Простите!** 실례지만

패턴 꽉! -

Молодой человек! Меню, пожалуйста!
저기 죄송한데요, 메뉴판 갖다 주시겠어요?

Девушка, счёт, пожалуйста!
계산 부탁드립니다!

Извините, где здесь выход?
실례지만 여기 출구가 어디 있나요?

Не подскажете, где находится гостиница «Владивосток»?
죄송한데요, '블라디보스톡' 호텔이 어디에 있는지 알려주실 수 있으세요?

Простите, у меня есть вопрос.
실례지만 질문이 있습니다.

Будьте добры, счёт, пожалуйста.
계산 부탁드려도 될까요?

Извините, я могу спросить?
실례지만 질문해도 될까요?

새 단어

Меню 메뉴
Счёт 계산서, 영수증
Выход 출구
Гостиница 호텔, 숙소
Вопрос 질문
Спросить 질문하다
Лифт 엘리베이터

러시안 노트

Не подскажете + 질문

Подсказать 동사는 '남몰래 속삭이다, 슬그머니 귀띔하다'라는 뜻을 가집니다. 학교에서 친구가 답을 모를 때 몰래 속삭여주는 행동을 말하는 거죠. 더불어 모르는 상대에게 도움을 요청할 때 예의를 갖춘 표현이 되기도 합니다.

예 Не подскажете, где здесь лифт?
죄송한데, 엘리베이터가 어디 있는지 알려주실 수 있으세요?

Будьте добры + 요청

Будьте добры는 관용적 표현으로, 직역하면 '선하신 당신이 저에게 당신의 선함을 보여주신다면'입니다. 언변 있는 표현이죠? 상대에게 무언가 요청하거나 질문이 있을 때 사용하면 아주 좋은 표현입니다. 그럴 때는 Пожалуйста도 빠뜨리지 말고 함께 활용합시다.

예 Будьте добры, меню, пожалуйста! 메뉴판 부탁드립니다!

Q1 괄호 안에 있는 형용사를 상태 부사로 바꿔 문장을 만들어 보세요.

· Извини, мне очень _____ (стыдный) .
미안해, 난 너무 부끄러워.

· Не говори так, мне _____ (неприятный) .
그런 말하지 마, 난 불편해.

· У Лены болит голова, ей очень _____ (больной) .
레나는 머리가 아파, 그녀는 지금 많이 아픕니다.

· Я хочу домой, мне здесь очень _____ (скучный) .
난 집에 갈래, 여긴 너무 지루해.

Q2 문장을 읽고 알맞은 형용사 형식을 골라 문장을 완성해 보세요.

· Я хочу жить в (большой / большом / большого) городе.
나는 큰 도시에 살고 싶어.

· Вчера я купил (новой / новую / новым) сумку.
난 어제 새 가방을 샀어.

· У тебя нет (зимнего / зимней / зимнюю) шапки?
너 겨울 모자 없어?

· Я помню моего (прежнюю / прежнего / прежней) учителя.
난 내 예전 선생님을 기억하고 있지.

· Лена рассказала нам об (интересном / интересной / интересного)
музее.
레나는 우리에게 재미있는 박물관에 대해 이야기했어요.

· Я сейчас стою у (высокий / высоким / высокого) здания.
나는 높은 건물 옆에 서 있어.

Q3 다음 중 알맞은 동사를 골라 명령형 문장을 만들어 보세요.

보기

Принести, Продать, Ходить, Купить, Смотреть

Зачем тебе машина? _____ её.

차가 왜 필요해? 팔아!

_____ , пожалуйста, молоко по дороге домой.

집에 올 때 우유를 좀 사 올래?

Завтра снег, не _____ на улицу!

내일은 눈 온대, 밖에 나가지 마!

_____ , пожалуйста, мои лекарства!

내 약을 좀 갖다줄래?

_____ ! Это Лена возле магазина!

봐! 마트 옆에는 레나잖아!

Q4 다음 단어의 정확한 스펠링을 써 보세요.

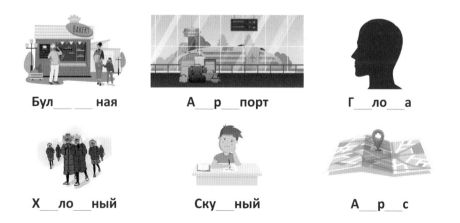

Бул___ ___ная   А___р___порт   Г___ло___а

Х___ло___ный   Ску___ный   А___р___с

191

Q1　Извини, мне очень <u>стыдно</u>.
　　　Не говори так, мне <u>неприятно</u>.
　　　У Лены болит голова, ей очень <u>больно</u>.
　　　Я хочу домой, мне здесь очень <u>скучно</u>.

Q2　Я хочу жить в <u>большом</u> городе.
　　　Вчера я купил <u>новую</u> сумку.
　　　У тебя нет <u>зимней</u> шапки?
　　　Я помню моего <u>прежнего</u> учителя.
　　　Лена рассказала нам об <u>интересном</u> музее.
　　　Я сейчас стою у <u>высокого</u> здания.

Q3　Зачем тебе машина? <u>Продай</u> её.
　　　<u>Купи</u>, пожалуйста, молоко по дороге домой.
　　　Завтра снег, не <u>ходи</u> на улицу!
　　　<u>Принеси</u>, пожалуйста, мои лекарства!
　　　<u>Смотри</u>! Это Лена возле магазина!

Q4　Бул<u>о</u>чная, А<u>э</u>ропорт, Г<u>о</u>лова, Х<u>о</u>лодный, Ску<u>ч</u>ный, Адр<u>е</u>с

MEMO

 **Я уже прочитал эту книгу.**
난 이 책을 벌써 다 읽었어.

러시아어 동사의 상에 관해서 알아볼까요?

A : **Как долго ты читал эту книгу?**

너 이 책을 얼마 동안 읽었어?

B : **Я читал её почти месяц.**

거의 한 달 걸렸어.

A : **И как? Прочитал?**

그래? 그럼 다 읽은 거야?

B : **Да, я уже прочитал эту книгу.**

응, 벌써 다 읽은 거야.

새 단어

Как долго 얼마 동안
Почти 거의

문법 더하기

동사의 상

한국어에는 없는 러시아어의 '상'이란 동사가 나타내는 의미와 말하는 순간과의 관계를 보여주는 문법 카테고리입니다. 러시아어에는 상이 두 가지가 있는데 바로 완료상과 불완료상입니다.

동사의 완료상은 동작의 일회성 혹은 동작의 완료성을 나타내는 문법입니다.
동사의 불완료상은 동작의 반복성 혹은 동작의 무제한 연속성을 나타내는 문법입니다.

러시아어의 모든 동사는 완료/불완료 상의 짝으로 이루어져 있습니다.

Читать('읽다' 불완료형) - **Прочитать**('다 읽다' 혹은 '읽어보다' 완료형)

Писать('쓰다' 불완료형) - **Написать**('다 쓰다' 혹은 '써보다' 완료형)

패턴 꽉!

Я уже написал сообщение маме.
난 엄마에게 문자 벌써 보냈어.

Ты уже посмотрел этот фильм?
너 이 영화를 벌써 봤니?

Ты не забыл о нашей встрече завтра?
우리 내일 미팅을 안 잊었지?

Мама приготовила ужин и позвала меня.
엄마가 저녁을 다 준비하고 나를 부르셨다.

Мы встали в семь часов утра, позавтракали,
почистили зубы и послушали лекцию профессора.
우리는 아침 7시에 일어났고 아침을 먹고 양치하고 교수님의 수
업을 들었어요.

Вы уже купили новый телефон?
새 핸드폰을 벌써 사신 거예요?

Ты уже поел?
너 벌써 다 먹었니?

*패턴 연습 문장의 모든 동사는 완료상 동사들입니다.

새 단어

Сообщение 문자
Встреча 미팅, 회의
Приготовить 요리하다
Позавтракать 아침을 먹다
Почистить зубы 양치하다

러시안 노트

동작의 일회성은 완료상의 핵심입니다. 동작이 과거에 여러 번이 아닌 단 한 번 일어났다가 끝났다는 뜻이죠.

예 Я уже написал сообщение маме. 난 엄마에게 문자 벌써 보냈어.
엄마에게 문자를 보내는 행위는 과거에 단 한 번 일어났고, 지금은 내가 이 행위의 결과만 말하는 것뿐이라는 사실이 완료상의 가장 중요한 포인트입니다. 행위는 지속되지 않고 이미 끝난 것입니다.

예 Мы встали в семь часов утра, позавтракали, почистили зубы и послушали лекцию профессора.
우리는 아침 7시에 일어났고 아침을 먹고 양치하고 교수님의 수업을 들었어요.
마찬가지로 모든 동사는 과거에 단 한 번만 일어났던 행위를 뜻합니다. 과거에 차례대로 일어났던 단순한 행위는 언제나 동사의 완료상으로 표현됩니다.

72 Ты уже съел суп?
넌 수프를 벌써 다 먹었니?

동사의 상에 관해 계속해서 배워볼까요?

A : **Я хочу гулять!**
난 밖에서 놀고 싶어!

B : **А ты уже съел суп?**
너 벌써 수프를 다 먹었니?

A : **Нет, ещё ем.**
아니, 아직 먹고 있는 중.

B : **Сначала съешь суп, а потом гуляй.**
수프 먼저 먹고 밖에서 놀면 돼.

새 단어

Съесть 다 먹다
Суп 수프
Гулять 산책하다, 놀다

문법 더하기

접두사 C로 만든 동사

동사 완료상을 만드는 대표적인 방법은 바로 동사 어근에 접두사를 붙이는 것입니다. 동사 완료상을 만드는 접두사는 많지 않아서 이를 외워두는 것이 좋습니다.

Есть(먹다)	–	**Съесть**(전부 다 (또는 한 번) 먹어 버리다)
Делать(하다)	–	**Сделать**(전부 다 (혹은 한 번) 해 버리다)
Ходить(다니다)	–	**Сходить**(한 번 갔다가 다시 돌아오다)
Петь(노래하다)	–	**Спеть**(전부 다 (또는 한 번) 노래해 보다)

패턴 꽉!

Я всё съел!

난 다 먹었어!

Ты уже сходил в магазин?

넌 편의점 벌써 갔다 왔어?

Саша сделал домашнее задание вчера.

사샤는 숙제를 어제 다 했어.

Лена спела все песни в караоке.

레나는 노래방에서 모든 노래를 불렀어.

В этом году папа свозил детей на море.

아빠는 올해 아이들을 데리고 바닷가로 갔다 왔어.

Ребёнок сбросил чашку со стола на пол.

아이는 테이블에서 컵을 떨어뜨렸어요.

Максим сбежал по лестнице вниз.

막심은 계단에서 뛰어내렸어.

Ты списал на экзамене?

너 시험에서 컨닝했지?

새 단어

Магазин 편의점, 상점

Караоке 노래방

Свозить 데리고 갔다 오다

Чашка 컵, 잔

Пол 바닥

Лестница 계단

Сбежать 뛰어내리다

Списать 컨닝하다

Тюрьма 감옥

러시안 노트

위의 패턴에서 볼 수 있듯이 접두사 c가 있는 동사는 크게 두 가지 의미를 가집니다.

1. 다 해버리다 / 전부 다 하다 (일반 동사일 경우)

Петь는 일반적으로 '노래하다'   Спеть는 '전부 다 노래해버리다'

2. 위에서 아래로 향하는 동작의 의미 (동작 동사일 경우)

Бежать는 '달리다, 뛰어가다'의 의미를 가지는 동사입니다. 하지만 Сбежать는 이 동사의 완료상을 만들 뿐만 아니라 '위에서 아래로 뛰어내리다'라는 뜻으로 사용될 수 있습니다. 또한 '도주하다, 도망치다'라는 뜻으로도 쓰일 수 있습니다.

예 Он сбежал из тюрьмы. 그는 감옥에서 탈옥했다.

73 У меня нет денег.
난 돈이 없어.

복수 격조사를 배워볼까요? 복수 생격 차례입니다.

A : **Ты можешь купить мне кофе, пожалуйста?**
혹시 커피 한 잔 사줄 수 있니?

B : **Извини, у меня нет денег.**
미안해, 난 돈 하나도 없어.

A : **Но ты вчера купил новый телефон!**
넌 어제 새 핸드폰 샀잖아!

B : **Я занял деньги у друзей.**
그 돈은 친구들한테 빌린 거지.

새 단어

Деньги 돈
Занять 빌리다
Друг 친구

문법 더하기

명사의 복수 생격

	남성형	여성형	중성형
복수 어미	-ы → -ов / -ев -и / -ий → -ей -еи → -ев Столы → Столов Словари → Словарей Музеи → Музеев	-ы → 어미 없어짐 -и → -ей -ии → -ий Школы → Школ Ночи → Ночей Станции → Станций	-а → 어미 없어짐 -я → -ей Окна → Окон Моря → Морей

명사의 복수 생격을 만드는 방법은 복잡하고 예외도 많습니다. 위 테이블에서 나오는 기본 어미를 모두 외우고 예외를 만날 때마다 암기하는 것이 좋습니다.

예 У меня дома нет шкафов и окон. 난 집에 옷장들과 창문이 없어.

패턴 꽉! -

새 단어

У него очень много денег.

그는 돈이 아주 많아.

Много 많이
Новости 소식, 뉴스
Бар 바
Клуб 클럽

У Лены совсем нет друзей.

레나는 친구가 한 명도 없어.

Я слышал о нём много новостей.

난 그에 대해 많은 소식을 들었어.

В России живёт много корейцев.

러시아에는 한국 사람이 많이 살고 있습니다.

В этом городе совсем нет машин.

이 도시에는 차가 전혀 없어요.

Это дом без окон.

이 집에는 창문이 없어요.

В Сеуле очень много музеев, магазинов, баров,
клубов, людей и зданий!

서울에는 박물관, 상점, 바, 클럽, 사람들 그리고 건물이 아주 많
습니다.

Сколько лет, сколько зим!

정말 오랜만이다!

[직역: 얼마나 많은 여름들, 얼마나 많은 겨울들이 지났는지!]

러시안 노트

단수형일 때 –a로 끝나는 여성형 명사와 –o로 끝나는 중성형 명사는 복수 생격일 때는 어미가
없어집니다. 주의해야 할 점은 어미 바로 앞에 있는 어근의 마지막 자음 앞에 모음이 있다면 간
단하게 어미만 빼면 됩니다.

Мама(엄마) – Мам(엄마들)   Книга(책) – Книг(책들)

그러나 어근이 자음으로 끝나고 그 자음 앞에 또 다른 자음이 있다면, 두 자음 앞에는 발음 –o나
–e가 새로 놓인다는 점을 꼭 기억합시다.

Деньги(돈) – Денег(돈들)   Окна(창문) – Окон(창문들)

*Друзья는 예외입니다. Друзья → Друзей

74 В следующем месяце я переезжаю в новую квартиру.

나는 다음 달에 새 아파트로 이사 갈 거야.

접두사 пере-가 있는 동사 활용을 살펴볼까요?

A : Ты можешь дать мне взаймы немного денег?

혹시 돈 좀 빌려줄 수 있어?

B : Конечно, не проблема! Зачем тебе?

당연하지, 문제없어. 근데 왜?

A : В следующем месяце я переезжаю в новую квартиру.

나 다음 달에 새 아파트로 이사 가거든.

B : Поздравляю!

축하해!

새 단어

Дать взаймы 빌려주다
Проблема 문제
Переезжать 이사 가다
Поздравлять 축하하다

접두사 Пере- 동사

접두사가 동사에 붙으면 그 동사의 의미가 조금 달라진다는 점을 꼭 기억하고 주의해야 합니다.
가령 접두사 **Пере-**는 주로 동작 동사, 이동을 의미하는 동사에 붙어서 '한쪽에서 다른 쪽으로
이동하다'라는 뜻을 더해줍니다.

Ехать (타고 가다)	–	Переехать (한쪽에서 다른 쪽으로 갈아타다, 이사 가다)
Ходить(다니다)	–	Переходить (건너다, 건너면서 다니다)
Лететь(날아가다)	–	Перелететь (한쪽에서 다른 쪽으로 날아가다)
Плыть(배 타다, 헤엄치다)	–	Переплыть (헤엄쳐 건너다, [강, 바다를] 건너다)

Я всегда перехожу улицу только на зелёный свет.

난 항상 녹색불만 보고 길을 건너.

Самолёт перелетел океан и приземлился в Америке.

비행기는 대양을 건너서 미국에 착륙했다.

Путешественник переплыл Тихий океан на лодке.

여행가는 배를 타고 태평양을 건넜다.

Я не хочу переезжать в другую квартиру, мне нравится здесь!

난 다른 아파트로 이사 가고 싶지 않아. 난 여기가 좋아!

Перепиши это задание заново!

이 과제를 다시 써와!

Перебрось мяч ещё раз!

공을 다시 한번 던져 봐!

Певец перепел старую песню.

가수는 옛날 노래를 다시 불렀다.

Я передумал, я не пойду!

난 생각 바꿨어, 안 갈래!

새 단어

Зелёный свет 녹색 불

Самолёт 비행기

Океан 양, 대양

Тихий океан 태평양

Приземлиться 착륙하다

Путешественник 여행가

Лодка 배

Мяч 공

Заново 새롭게, 다시 한번

Певец 가수

러시안 노트

Пере-는 '건너다'라는 뜻 외에도 '다시 하다', '다시 한번 하다'라는 뜻도 있습니다. 동작 동사가 아닌 동사와 결합했을 때 나타나는 의미이죠.

Писать(쓰다) – Переписать (다시 쓰다)

Бросить(던지다) – Перебросить (다시 한번 던지다)

Петь (노래하다) – Перепеть (다시 노래를 부르다)

* 옛날 노래를 새롭게 만들어서 다시 부른다는 뜻.

* Передумать는 예외입니다. '다시 생각하다'가 아니라 '생각을 바꾸다 / 마음을 바꾸다'라는 뜻을 갖고 있는 동사입니다.

75 Давай сделаем фото!
사진 찍자!

~하자! 청유문 문법을 배워볼까요?

A : **Какое красивое море!**

바다가 너무 예쁘네!

B : **Давай сделаем фото!**

사진 찍자!

A : **Давай! А потом давай пойдем в кафе.**

그래! 그 다음에는 카페에 가자.

B : **Давай, я тоже проголодался.**

그래, 나도 배고파졌어.

새 단어

Фото 사진
Пойти 가다 (완료형)
Проголодаться
배고파지다

문법 더하기

Давай + 완료상 동사 식의 청유문
러시아어 청유문(~하자)은 다음과 같이 만들 수 있습니다.

Давай + 완료상 동사 2인칭 복수('우리' 형태)

'지금 바로 ~하자'는 문장에는 항상 완료상 동사만 쓸 수 있다는 점을 유의해야 합니다! 그리고 동사는 기본형이 아닌 2인칭 복수 '우리' 대명사에 맞는 동사 형태를 써야 한다는 점도 기억합시다.

예 **Давай купим торт.** 케이크 사자.

Давай откроем окно. 창문을 열자.

Давай поедем на метро. 지하철 타고 가자.

202

패턴 꽉! -

Давай позвоним маме.
엄마한테 전화하자.

Давай поедем на море летом.
여름에는 바닷가로 가자.

Давай выпьем кофе.
커피 한잔하자.

Я устал, давай поедем на такси.
난 피곤해. 택시 타고 가자.

Давай покажем ему это видео.
이 영상을 그에게 보여주자.

Давай расскажем обо всём честно.
모든 것을 솔직하게 이야기해버리자.

Давай посмотрим «Игру в кальмара».
'오징어 게임'을 보자.

Уже очень поздно, давай не поедем туда.
너무 늦었어, 거기에 가지 말자.

새 단어

Устать 피곤하다
Показать 보여 주다
Видео 영상, 비디오
Честно 솔직하게
Поздно 늦다

러시안 노트

위와 같은 문장을 만들 때 동사가 반드시 완료상이어야 한다는 점을 꼭 기억합시다. 불완료상 동사를 쓰면 비문이 됩니다.

Смотреть (보다, 불완료상 동사) – Посмотреть (보다, 완료상 동사)

Давай смотрим «Игру в кальмара».   X

Давай посмотрим «Игру в кальмара».   O

예외도 있지만, 일반적으로 완료상 동사들은 접두사나 접미사가 붙은 경우가 많습니다.

Звонить(전화하다, 불완료상) – Позвонить(전화하다, 완료상)

Ходить(다니다, 불완료상) – Сходить(한 번 다녀오다, 완료상)

Пить(마시다, 불완료상) – Выпить(다 마시다, 완료상)

Есть(먹다, 불완료상) – Съесть(다 먹다, 완료상)

Петь(노래하다, 불완료상) – Спеть(노래하다, 완료상)

76 Давай ходить на курсы вместе!

학원에 같이 다니자!

불완료상 동사가 활용된 청유문을 살펴볼까요?

A : **Как долго ты учишь русский язык?**

너 러시아어를 얼마 동안 공부하고 있어?

B : **Я учу его уже год. Но мне тяжело.**

벌써 1년이야. 근데 너무 어려워.

A : **Да, мне тоже тяжело учить одному.**
Давай ходить на курсы вместе!

그래, 나도 혼자 공부를 하는 게 어려워. 그러면 학원 같이
다니자!

B : **Давай! Вместе учиться интересно!**

좋아! 같이 공부를 하는 건 재미있어!

새 단어

Тяжелый 어렵다, 힘들다
Курсы 학원, 추가 공부
Вместе 함께, 같이

문법 더하기

Давай + 불완료상 동사 식의 청유문

Давай + 불완료상 동사 기본형

Давай 다음에 불완료상 동사도 올 수 있습니다. 불완료상 동사를 쓸 때는 동사의 기본형을 써
야 한다는 점을 주의합시다. 그리고 불완료상 동사를 쓰면 문장의 의미도 '지금 당장 ~하자'가
아닌, '앞으로는 ~하자'가 됩니다. 주로 지속적인 동작이나 행위를 제안할 때 쓰입니다.

예 **Давай учиться вместе.** 같이 공부하자. ['바로 지금'이 아니고 '앞으로'라는 뜻]

　　Давай ездить в школу вместе. 등교는 함께 하자. [오늘뿐만 아니라 앞으로 항상]

패턴 쫙!

Давай ездить в университет вместе.
대학교에 함께 다니자.

Давай ходить на курсы вечером.
저녁에 학원에 다니자.

Давай звонить родителям каждую субботу.
부모님에게 매주 토요일에 전화하자.

Давай писать книгу вместе.
책 같이 쓰자.

Давай изучать испанский вместе.
스페인어를 함께 공부하자.

Давай разговаривать на «ты».
반말하자.(말 놓자.)

Давай всегда путешествовать вместе.
여행을 항상 함께 가자.

Давай жить дружно!
같이 잘 지내보자! [직역: 친구처럼 살자!]

새 단어

Каждую субботу
매주 토요일

Путешествовать 여행하다

Жить 살다

Дружно 평화롭게, 친구처럼

러시안 노트

위에서 보다시피 이 청유문은 '앞으로 ~ 하자'식에 가깝습니다. 이 같은 형식의 문장을 부정문으로 만들고 싶다면 단순히 не를 붙이는 것으로는 안 됩니다. '앞으로 ~ 하지 말자'는 동사 быть의 2인칭 형태로 아래와 같이 만듭니다.

Давай + не будем + 불완료상 동사 기본형

예 Давай не будем учить немецкий язык. 독일어는 배우지 말자.

원어민 따라하기

러시아에서는 처음 보는 사람에게 당연히 Вы를 써야 하지만 시간이 지나면서 Ты로 말을 놓게 되는 경우가 많죠. 한국에서도 '말 놓자' 같은 표현이 있듯 러시아에도 이 상황에 쓰는 말이 있습니다. 바로 Говорить на «ты»입니다. 직역하면 '서로 이야기할 때 〈너〉라고 쓰자'이죠. 러시아 친구를 사귀고 당당하게 반말하자고 제안해 보세요. Давай говорить на «ты»! 우리 반말 쓰자!

ㄲ

Я съездил в Таиланд с моим лучшим другом.

내 절친이랑 같이 태국에 갔다 왔어.

형용사의 조격에 관해 자세히 알아볼까요?

A : **Где ты был на прошлой неделе?**

넌 지난주에 어디 있었어?

B : **Я был в отпуске.**

휴가 갔다 왔어.

A : **Ты ездил за границу? Куда и с кем?**

해외에 갔다 온 거야? 어디를 누구랑 같이 갔어?

B : **Я ездил в Таиланд с моим лучшим другом.**

내 절친과 함께 태국에 갔다 왔어.

새 단어

Прошлый 지난, 전
Отпуск 휴가
За границу 해외에
Таиланд 태국
Лучший друг 절친

문법 더하기

형용사의 조격

남성형	여성형	중성형
– ый /– ой → –ым –ий → –им	– ая → –ой –ая(ж, ш, ч, щ) → –ей – яя → –ей	– ое → –ым – ее → –им
Красивый город – Красивым городом 예쁜 도시 Синий паспорт – Синим паспортом 파란 여권 Большой театр – Большим театром 볼쇼이 극장 Мягкий стул – Мягким стулом 안락한 의자	Красивая улица – Красивой улицей 예쁜 거리 Синяя ручка – Синей ручкой 파란 펜 Младшая сестра – Младшей сестрой 여동생	Красивое море – Красивым морем 예쁜 바다 Синее небо – Синим небом 파란 하늘

패턴 쫙! -

Я живу вместе с моей старшей сестрой.
난 누나랑 같이 살아.

Он ездил в отпуск с лучшим другом.
그는 절친과 함께 휴가 갔다 왔어.

Саша написал письмо синей ручкой.
사샤는 편지를 파란 펜으로 썼어요.

Париж всегда был очень красивым городом.
파리는 항상 아름다운 도시였어요.

БТС стали очень популярной группой.
BTS는 아주 유명한 그룹이 됐습니다.

Лена живёт рядом с большой станцией.
레나는 큰 역 옆에 살고 있어요.

Мы лежали на траве под синим небом.
우리는 파란 하늘 아래 잔디에 누워 있었어요.

새 단어

Париж 파리
Рядом с 옆에, 주변에
Популярный
인기 있는, 유명한
Крупный 큰, 대규모의
Детский сад 유치원
Сидеть 앉다
Зонт 우산, 파라솔
Ключи 열쇠, 키

러시안 노트

지난 33과에서 명사 조격은 수단을 표현하는 데 쓰인다고 배웠습니다. 나아가 조격은 도구적 의미 외에도 아래와 같은 여러 경우에 쓸 수 있습니다.

1. Рядом с ～옆에, 주변에

예 Я живу рядом с крупной больницей. 저는 대규모 병원 옆에 살고 있어요.

　Лена переехала и сейчас живёт рядом с детским садом.
　레나는 이사 갔고 지금은 유치원 바로 옆에 살고 있어.

2. Под 아래, 밑에

예 Мы сидели под большим зонтом. 우리는 큰 파라솔 아래 앉아 있었다.

　Я увидел ключи под белой машиной. 난 내 키를 하얀색 차 밑에 봤다.

3. Стать 되다 (동사 뒤)

예 Он стал известным актёром. 그는 유명한 배우가 되었다.

　Сеул стал крупным и важным городом в Южной Корее.
　서울은 한국에서 크고 중요한 도시가 되었다.

78 Я буду учить испанский язык в следующем году.

난 내년에 스페인어를 공부할 거야.

동사의 미래형에 관해 자세히 배워볼까요?

A: **Где ты был в прошлом году?**

넌 작년에 어디에 있었어?

B: **Я был в Мадриде. Там очень здорово!**

마드리드에 있었지. 거긴 진짜 좋아!

A: **Ты говоришь по-испански?**

너 스페인어 해?

B: **Я буду учить испанский язык в следующем году.**

난 내년에 스페인어를 공부할 거야.

새 단어

Прошлый год 작년
Следующий год 내년
Мадрид 마드리드

불완료상 동사의 미래형

동사의 미래형은 아래와 같이 보조 동사인 **быть**의 도움을 받아 형성됩니다.

주어(명사 / 대명사) + **быть** + 불완료상 동사 기본형

단수 인칭

나	Буду
너	Будешь
그 / 그녀	Будет

복수 인칭

우리	Будем
너희 / 당신	Будете
그들	Будут

예 **Я буду читать эту книгу на следующей неделе.** 난 이 책을 다음 주에 읽고 있을 거야.

Когда ты будешь учить русский язык? 너 언제 러시아어를 공부할 거야?

패턴 꽉! -

Я скоро буду жить у моря.
난 곧 바닷가에 살 거야.

В старости она будет писать мемуары.
은퇴 후 그녀는 회고록을 쓸 거야.

Завтра весь день мы будем готовиться к экзамену.
우리는 내일 온종일 시험 준비를 하고 있을 거예요.

Завтра в это время Лена будет лететь в самолёте.
레나는 내일 이때쯤 비행기를 타고 가고 있을 거야.

Ты будешь учиться водить машину?
너 운전 배울 거야?

Дети будут учиться онлайн с этого года.
아이들은 올해부터 온라인으로 공부할 겁니다.

Вы будете завтра заниматься спортом?
내일은 운동하실 거예요?

Я не буду ничего говорить!
난 아무 말 안 할 거야!

새 단어

Старость 노년기
Весь день 하루 종일
Водить машину 운전하다
Онлайн 온라인
Убираться 청소하다
Мемуары 회고록

러시안 노트

быть 보조 동사의 도움을 받아 미래형을 만드는 동사는 불완료상 동사들이라는 점이 중요합니다. 이들의 특징은 미래에 정해진 기간 동안 동작이나 행위가 지속될 거라는 점입니다. 이러한 문장에는 기간을 나타내는 표현이 자주 쓰입니다.

예 Я буду жить в России в следующем году. 내년에는 내가 러시아에 살고 있을 거야.

　Завтра весь день мы будем убираться дома.
　내일은 온종일 우리가 집 청소를 하고 있을 거예요.

Я схожу в больницу завтра.
난 병원에 내일 갔다 올게.

완료상 동사 활용에 관해 더 상세히 배워볼까요?

A : **У меня очень болит горло...**
난 목이 너무 아파…

B : **Ты уже сходил в больницу?**
병원에 갔다 왔어?

A : **Нет, я схожу в больницу завтра.**
아니, 병원에는 내일 갈 거야.

B : **Конечно, обязательно сходи!**
그래, 내일 꼭 갔다 와!

새 단어

Больница 병원
Обязательно 꼭, 반드시

문법 더하기

완료상 동작 동사 활용

완료상 동사에는 과거/미래 시제만 활용할 수 있습니다. 과거형은 과거에 일어나서 발화하는 순간 이미 끝난 동작을 뜻하기 때문이고, 미래형은 미래에 단 한 번 동작이 일어날 것이라는 의미를 가지기 때문입니다. 그래서 불완료상 동사와는 달리 **быть** 보조 동사의 도움을 받지 못합니다. 현재로 보이는 형태는 사실상 미래를 나타냅니다.

Я хожу на курсы каждый день. 난 매일 학원 다녀.	VS	Я схожу на курсы завтра. 난 내일 학원 다녀올게.
Я сейчас еду в университет. 난 지금 학교에 가고 있어.	VS	Я поеду в университет в пятницу. 난 금요일에 학교에 갈 거야.
Я читаю эту книгу сейчас. 난 지금 이 책을 읽고 있어.	VS	Я прочитаю эту книгу завтра. 난 이 책을 내일 읽을게.

패턴 꽉!

Я расскажу тебе об этом фильме потом.
난 이 영화에 대해 너에게 나중에 이야기해줄게.

Когда ты мне покажешь твою квартиру?
너의 아파트를 언제 보여줄 거야?

В следующий четверг Лена полетит в Лондон.
레나는 다음 주 목요일에 런던으로 갈 거야.

Напомни мне об этой передаче ещё раз завтра, хорошо?
이 방송에 대해 내일 다시 한번 알려줘.

Мы подготовимся к экзамену на следующей неделе.
우리는 시험 준비를 다음 주에 할 겁니다.

Я позвоню маме в три часа.
난 엄마에게 3시에 전화할게.

Вы сообщите партнёрам ваш ответ?
파트너들에게 답변을 알려주실 거예요?

Наверное, я никогда этого не пойму.
난 이걸 절대 이해하지 못할 것 같아.

새 단어

Лондон 런던
Передача 방송 프로그램
Сообщить 알려 주다
Партнёр 파트너, 상대
Ответ 답변
Наверное 아마
Понять 이해하다 (완료상)

러시안 노트

불완료상 동사 미래와 완료상 동사 미래의 차이를 아래 두 문장을 통해 배워봅시다.

1. Я буду учить русский язык в следующем году. 난 내년에 러시아어를 배우고 있을 거야.

2. Я выучу русский язык в следующем году. 나는 내년에 러시아어를 다 배울 거야.

1번 불완료상 동사 문장은 미래의 지속적인 과정에 관한 문장입니다. 지금은 러시아어를 배우지 않지만, 내년에는 시작점과 끝나는 점 없이 일년 내내 이 행위를 할 것이라는 뜻입니다.
반면에 2번 완료상 동사 문장은 현재 러시아어를 배우는 중이고, 내년까지 배우고 나면 러시아어 학습은 끝날 것이라는 뜻입니다. 즉, 과정이 아닌 결과에 의미가 집중되어 있는 것이죠.

80 Я позавтракаю и пойду на работу.
아침을 먹고 출근할 거야.

완료상 동작 동사에 관해 더 자세히 알아볼까요?

A : **Что ты будешь делать завтра утром?**

넌 내일 아침에 뭐해?

B : **Я позавтракаю и пойду на работу.**

아침을 먹고 출근할 거야.

A : **А во сколько ты вернёшься домой?**

집에 다시 몇 시에 돌아올 거야?

B : **Домой я вернусь в шесть часов.**

6시에 돌아올 거야.

새 단어

Позавтракать 아침을 먹다
Вернуться 돌아오다

문법 더하기

Пойти 와 Идти 동사 활용

완료상 동사(**Пойти**)는 단 한 번 일어나는 일에 대해 말할 때 혹은 미래에 일어날 일에 대해 이야기할 때 쓰입니다.

단수 인칭		복수 인칭	
나	Пойду	우리	Пойдём
너	Пойдёшь	너희 / 당신	Пойдёте
그 / 그녀	Пойдёт	그들	Пойдут

* 불완료상 동사들은 Быть의 도움을 받고 미래를 형성한다고 배웠는데, 한 가지 예외로 Идти는 미래형이 없습니다. 미래의 과정을 말하고 싶으면 Ходить 동사를 활용해야 합니다. 일반 미래는 Пойти를 써야 한다는 것을 꼭 기억합시다.

패턴 꽉!

Вечером я пойду в кино.
난 저녁에 영화 보러 가.

Давай пойдём на выставку вместе!
전시회에 같이 가자!

Лена пойдёт на концерт одна.
레나는 공연 보러 혼자 갈 거야.

Вы пойдёте завтра на встречу с автором?
내일 작가의 사인회에 가세요?

Я не пойду завтра в университет.
난 내일 대학교에 안 갈 거야.

Ты пойдёшь на обед?
점심 먹으러 갈 거야?

Максим не пойдёт с нами в пятницу в ресторан.
막심은 이번 주 금요일에 우리랑 같이 레스토랑에 가지 않을 거야.

Пойди спроси у него!
걔한테 가서 물어봐!

새 단어

Вместе 함께, 같이
Один / Одна 혼자서
Автор 작가
Встреча 미팅, 만남

러시안 노트

접두사 По-가 붙은 동사는 대부분 완료상 동사입니다. Пойти도 마찬가지입니다. 접두사 По-는 동사의 의미를 조금 변형시킵니다. 동작 동사의 경우에는 동작의 시작(~를 하기 시작하다)의 뉘앙스가 있고, 일반 동사의 경우에는 '잠깐, 잠시 해보다'의 뉘앙스가 있습니다.

Побежать
달리다(달리는 동작을 시작하다)

Полететь
날아가다(날아가는 동작을 시작하다)

Поиграть
놀다(잠깐 놀아보다)

Поговорить
이야기를 나누다(잠깐 이야기를 해보다)

Q1 문장을 읽고 알맞은 동사 형태를 골라 써 보세요.

· Ты уже (читал / прочитал) эту книгу?
   넌 이 책을 벌써 다 읽었어?

· Завтра я (хожу / пойду) в больницу.
   난 병원에 내일 갔다 올게.

· Я (учил / выучил) русский язык один год.
   난 러시아어를 일년 내내 배우고 있었어.

· Я только что (знал / узнал) об этом!
   난 이걸 방금 알았어!

· Я всё (ел / съел) !
   난 다 먹었어!

· Я (буду гулять / погуляю) в парке весь вечер.
   난 저녁 내내 공원 산책하고 있을 거야.

Q2 청유형 문장을 만들어 보세요.

_____ в кино!

영화 보러 가자!

_____ японский язык вместе!

앞으로는 일본어를 같이 배우자!

_____ об этом!

앞으로는 이것에 관해서 이야기하지 말자!

Я голоден! _____ !

난 배고파! 먹자!

Q3 알맞은 동사를 골라 문장을 만들어 보세요.

> **보기**
>
> Идти, Пойти

Сейчас я _____ **на работу.**

난 지금 출근 중이야.

Завтра Лена хочет _____ **на встречу.**

레나는 내일 미팅하러 가고 싶어요.

Куда ты _____ **?**

너 어디 가니?

Давай _____ **в кино вместе!**

영화 보러 같이 가자!

_____ **узнай, сколько это стоит!**

이거 얼마인지 가서 물어봐!

Вы сейчас _____ **в банк?**

지금은 은행에 가시는 길이에요?

Q4 다음 단어의 정확한 스펠링을 써 보세요

Вс__р__ча

Б__л__ница

Стар__ст__

Де__ский с__д

Пут__шес__вовать

Дать в__а__мы

Q1   Ты уже <u>прочитал</u> эту книгу?

Завтра я <u>пойду</u> в больницу.

Я <u>учил</u> русский язык один год.

Я только что <u>узнал</u> об этом!

Я всё <u>съел</u>!

Я <u>буду гулять</u> в парке весь вечер.

Q2   <u>Пойдем</u> в кино!

<u>Давай учить</u> японский язык вместе!

<u>Давай не будем говорить</u> об этом!

Я голоден! <u>Давай поедим</u>!

Q3   Сейчас я <u>иду</u> на работу.

Завтра Лена хочет <u>пойти</u> на встречу.

Куда ты <u>идёшь</u>?

Давай <u>пойдём</u> в кино вместе!

<u>Пойди</u> узнай, сколько это стоит!

Вы сейчас <u>идёте</u> в банк?

Q4   Вст<u>ре</u>ча, Бо<u>ль</u>ница, Ста<u>ро</u>сть, Де<u>т</u>ский с<u>ад</u>, Пут<u>еше</u>с<u>т</u>вовать, Дать в<u>за</u>ймы

LEVEL 3

MP3

🪆🪆 КРАСНЫЙ 🪆🪆

81 Если я выучу русский язык, я поеду в Россию.
러시아어를 배우면 러시아로 갈 거야.

조건 부속문을 만들 수 있는 Если 관계 부사를 살펴볼까요?

A : Чем занимаешься в последнее время?

넌 최근에 뭐하고 지내?

B : Я много учу русский язык!

러시아어를 엄청 많이 공부하고 있지!

A : Зачем ты учишь русский язык?

왜 러시아어를 배워?

B : Если я выучу русский язык, я поеду в Россию.

러시아어를 배우면 러시아로 갈 거거든.

새 단어

Заниматься
하다, ~로 바쁘다

В последнее время
최근에

문법 더하기

관계부사 Если

Если는 조건적 부속문을 만드는 관계 부사입니다. 이를 활용하면 한국어의 '~하면 ~한다' 식의 문장을 만들 수 있죠. 이와 같은 문법에는 주 문장에서 완료상 동사를 사용하는 게 일반적입니다.

예 Я пойду гулять, если не будет идти дождь. 비 안 오면 산책 갈 거야.

Я куплю новый телефон, если ты дашь мне денег.
네가 나한테 돈을 주면 새 핸드폰을 살게.

패턴 꽉! -

Если я сдам экзамен, я куплю торт.
시험에 합격하면 케이크를 살 거야.

Что ты хочешь посмотреть, если поедешь в Москву?
모스크바에 가면 뭘 보고 싶어?

Что ты хочешь купить, если выиграешь в лотерею?
복권 당첨되면 뭘 사고 싶어?

Если Света найдет работу, она купит машину.
스베타는 취직하면 차 살 겁니다.

Если мы возьмём отпуск, то поедем во Вьетнам.
휴가를 내면 베트남으로 갈 거예요.

Если будет плохая погода, мы пойдем в кино.
날씨가 안 좋으면 영화 보러 갈 겁니다.

Если я устану, то посижу в кафе и почитаю книгу.
피곤하면 카페에서 커피 마시면서 책 볼게요.

Если знаешь, отвечай!
알면 답해라!

새 단어

Сдать экзамен
시험에 합격하다

Лотерея 복권

Выиграть
당첨되다, 승리하다

Найти работу
취직하다, 일자리를 찾다

Взять отпуск 휴가를 내다

Вьетнам 베트남

Отвечать 답하다

러시안 노트

구어체에는 Если …, то…시으로 то 조사가 뒤따르는 경우가 많습니다. 구어체에서 많이 들을 수 있는 조사이기에 글이나 문어체에서는 잘 쓰지 않습니다.

예 Если я устану, то посижу в кафе. 피곤하면 카페에서 쉴게.

Если приду домой рано, то посмотрю фильм. 집에 일찍 가면 영화 볼게.

82 Здесь можно фотографировать?

여기서 사진 찍어도 돼?

허락을 구하는 표현과 허락해주는 표현을 배워볼까요?

A : **Как здесь красиво!**

여기가 정말 예쁘네!

B : **Интересно, здесь можно фотографировать?**

여기서 사진 찍어도 되는 건가?

A : **Не знаю. Давай спросим?**

몰라. 물어볼까?

B : **Давай! У кого можно спросить?**

그래! 누구에게 물어봐야 하지?

새 단어

Спросить 물어보다

Курить 담배 피우다

문법 더하기

Можно 허락 표현

지난 37과에서 Мочь(할 수 있다) 문법을 배웠습니다. Можно는 허락을 구할 때나 허락을 할 때 쓰는 Мочь 동사의 무인칭 형태입니다. 주어의 인칭과 상관없이 형태를 바꾸지 않아도 됩니다. 단, 주어가 대명사면 여격이여야 한다는 점을 기억합시다. 한국어로는 대부분 '~해도 좋다'로 번역됩니다.

주어(명사/대명사면 여격) + можно + 동사 기본형

예 **Здесь можно курить?** 여기서 담배 피워도 돼요?

Мне можно взять эту книгу? 내가 이 책을 가져도 돼?

패턴 꽉!

패턴 꽉!

Можно войти?
들어가도 돼요?

Здесь можно сесть?
여기서 앉아도 되나요?

В библиотеке можно есть?
도서관에서 음식 먹어도 돼요?

В автобус можно заходить с кофе?
커피 들고 버스 탑승해도 되나요?

Можно пройти?
지나가도 될까요?

Можно попросить вас говорить тише?
조금 더 조용히 말해달라고 부탁드려도 될까요?

Где можно сесть на метро?
지하철을 어디서 타면 돼요?

Можно сказать?
얘기해도 돼?

새 단어

Войти 들어가다
Сесть 앉다
Заходить
[안으로] 들어가다,
[대중교통을] 탑승하다
Пройти 지나가다
Попросить 부탁하다
Тише 더 조용히

러시안 노트

Можно를 사용한 질문에 긍정적으로 답하고 싶을 때는 **можно**를 활용해 간략하게 답할 수 있습니다.

А: Извините, можно войти? 죄송한데 들어가도 되나요?

В: Да, можно. 네, 들어오세요.

А: Извините, здесь можно фотографировать? 죄송한데 여기서 사직 찍어도 되나요?

В: Да, конечно, можно. 네, 그럼요. 됩니다.

В общежитии нельзя готовить еду.

기숙사에서는 요리하면 안 됩니다.

이번에는 금지 표현법을 배워볼까요?

A : **Где ты обычно ужинаешь?**

너 보통 저녁을 어디서 먹어?

B : **Чаще всего я ужинаю в столовой.**

학교 식당에서 가장 자주 먹지.

A : **Почему ты не ужинаешь в общежитии?**

왜 기숙사에서 안 먹고?

B : **В общежитии нельзя готовить еду.**

기숙사에서는 요리하면 안 돼.

새 단어

Чаще всего 가장 자주
Общежитие 기숙사
Столовая 학교식당

Нельзя 금지 표현

Нельзя는 Можно가 들어간 질문에 부정적으로 답할 때, 금지 사항에 관해 이야기할 때 쓸 수 있는 표현입니다. Нельзя 다음에 오는 동사는 항상 불완료상 동사여야 함을 기억합시다!

주어(명사 / 대명사면 여격) + нельзя + 동사 기본형

예 Здесь нельзя курить. 여기에서는 금연입니다.

В дом нельзя входить в обуви. 집으로 들어갈 땐 신발 신고 들어가면 안 됩니다.

Тебе нельзя пить кофе! 넌 커피 마시면 안 돼!

패턴 쫙!

В метро нельзя громко разговаривать.
지하철에서는 시끄럽게 이야기를 하면 안 됩니다.

В общежитии нельзя шуметь ночью.
기숙사에서는 밤에 시끄럽게 하면 안 돼요.

Вам нельзя волноваться!
걱정하시면 안 됩니다!

Дедушке нельзя много ходить.
할아버지께서는 많이 걸으시면 안 됩니다.

Здесь нельзя фотографировать.
여기서 사진 찍으면 안 됩니다.

В Корее нельзя писать имя человека красным цветом.
한국에서는 사람 이름을 빨간 펜으로 쓰면 안 됩니다.

В России нельзя дарить чётное количество цветов.
러시아에서는 꽃을 선물할 때 짝수를 주면 안 됩니다.

Туда нельзя!
거기 가면 안 돼!

새 단어

Громко 시끄럽게, 큰 소리로
Шуметь 시끄럽게 하다
Волноваться
걱정하다, 신경 쓰다
Чётный 짝수
Количество 개수, 양, 분량
Вход 입구, 출입

러시안 노트

Можно가 들어간 질문에 Нельзя를 활용해 부정적으로 답하는 예시 문장을 더 살펴봅시다.

A: Извините, можно войти? 죄송한데 들어가도 되나요?
B: Нет, нельзя. 아니요, 안 돼요.

A: Простите, здесь можно курить? 실례지만 여기선 담배 피워도 되나요?
B: Нет, нельзя. 아니요, 안 됩니다.

84 Мне срочно надо домой!
난 빨리 집으로 가야 해!

필요성을 나타내는 Надо 문법에 관해 알아볼까요?

A : **Ой! Мне надо идти!**

앗! 난 가야 돼!

B : **Почему? Что случилось?**

왜? 무슨 일 있어?

A : **Мне срочно надо домой! Меня ищет мама!**

빨리 집으로 가야 해! 엄마가 나를 찾고 있거든.

B : **Тогда конечно иди!**

그래, 그러면 가!

새 단어

Случиться
발생하다, 일어나다
Искать 찾다, 구하다
Срочно 급히, 빨리

문법 더하기

Надо **필요성 표현**

Надо는 필요성 혹은 의무를 나타내 주는 말로 한국어의 '~해야 한다' 문법에 해당합니다.

주어(명사 / 대명사면 여격) + надо + 동사 기본형

예 Мне надо принять лекарство. 난 약 먹어야 돼.

　Вам надо обязательно посмотреть этот фильм. 이 영화를 꼭 보셔야 합니다.

구어체에서는 Надо 다음에 동작 동사가 오게 되면, 동작 동사를 생략하는 경우가 많습니다.

예 Тебе надо в туалет? 너 화장실 가야 돼?

패턴 꽉! -

Бабушке надо много гулять на улице.

할머니는 밖에서 많이 산책하셔야 해요.

Тебе надо много учиться!

넌 공부를 많이 해야 해!

Мне надо постоянно пить это лекарство.

나는 계속 이 약을 먹어야 돼.

Лене надо закончить эту работу до вечера.

레나는 저녁까지 이 일을 끝내야 합니다.

Вам надо сесть на метро.

지하철을 타셔야 돼요.

Тебе не надо купить зимнюю одежду?

너 겨울 옷 사야 하는 거 아닌가?

Максиму надо сходить к врачу.

막심은 병원에 갔다 와야 해.

Не надо ничего говорить!

말을 안 해도 돼!

새 단어

Постоянно
계속, 정기적으로

Закончить 끝내다, 마치다

Интернет 인터넷

Лекарство 약

 러시안 노트

Надо를 부정 조사인 не와 붙이면 부정 형태의 허락 문장을 만들 수 있습니다.

예 Не надо ничего ему говорить. 그에게는 아무 말 안 해도 돼.

Не надо никуда ходить, всё можно купить по интернету.
어디 안 나가도 돼. 인터넷으로 사면 돼.

Надо 다음에 불완료상 동사가 오면 일반적인 사실, 포괄적인 의무/필요성을 뜻합니다. 완료상 동사가 오면 지금 반드시 해야 하는 행동을 뜻합니다.

예 Мне надо пить лекарства каждый день. 난 매일 약을 먹어야 해.

Мне надо выпить лекарство сейчас. 난 지금 약을 먹어야 해.

85

Я очень сильно устаю после работы.

난 퇴근 후에 너무 많이 피곤해.

동사의 접미사로 인해 형성되는 상에 관해 배워볼까요?

A : Ты неважно выглядишь.

너 안색이 왜 이렇게 안 좋아?

B : Я очень сильно устаю после работы.

난 퇴근 후에 너무 많이 피곤해.

A : Почему ты так устаёшь?

왜 그렇게 피곤한데?

B : Я работаю каждый день допоздна.

매일 늦게까지 일하거든.

새 단어

Неважно 별로 좋지 않다
Выглядеть 보이다, 생기다
Допоздна 늦게까지

문법 더하기

접미사로 인한 동사의 상

접미사 –ва–의 도움을 받으면 완료상 동사를 불완료상 동사로 만들 수 있습니다.

Устать (피곤하다, 완료상)	–	Уставать (피곤하다, 불완료상)
Прогулять (무단 결석하다, 완료상)	–	Прогуливать (무단 결석하다, 완료상)
Задать (과제 내다, 완료상)	–	Задавать (과제 내다, 불완료상)
Отстать (뒤떨어지다, 완료상)	–	Отставать (뒤떨어지다, 불완료상)

Устать 동사 활용		Уставать 동사 활용	
나	Устану	나	Устаю
너	Устанешь	너	Устаёшь
그/그녀	Устанет	그/그녀	Устаёт
우리	Устанем	우리	Устаём
너희들/당신	Устанете	너희들/당신	Устаёте
그들	Устанут	그들	Устают

패턴 꽉! -

Я часто устаю после работы.

나는 퇴근하고 나면 자주 피곤해.

Мы никогда не прогуливаем занятия.

우리는 절대 수업에 결석하지 않아요.

Преподаватель обычно задаёт много упражнений.

교수는 보통 많은 과제를 내요.

Я много болел и поэтому отстал от моих сверстников в школе.

난 많이 아팠기 때문에 내 또래 아이들보다 많이 뒤떨어졌어.

Ты не устанешь учить так много новых слов сразу?

그렇게 많은 새 단어 공부를 한꺼번에 하면 피곤하지 않아?

Ты не устаёшь учить так много новых слов каждый вечер?

그렇게 많은 새 단어 공부를 매일 저녁에 하는 게 피곤하지 않아?

Студентам нельзя прогуливать занятия.

학생들은 수업에 결석하면 안 됩니다.

Не отставай!

빨리 와![직역: 뒤떨어지지 마!]

새 단어

После работы 퇴근 후
Упражнение 연습문제
Сверстник 또래, 동갑
Сразу 한꺼번에

완료상 동사와 불완료상 동사의 차이를 다시 한번 살펴봅시다.

Ты не устанешь учить так много новых слов сразу?

그렇게 많은 새 단어 공부를 한꺼번에 하면 피곤하지 않아?

완료상 동사는 과거/미래를 다루며, 과정이 아닌 결과에 초점이 맞춰져 있죠. 정확한 내용은 '네가 지금 갑자기 새 단어를 많이 공부하게 되었는데, 이런 상황에 피곤하지 않을까?'입니다.

Ты не устаёшь учить так много новых слов каждый вечер?

그렇게 많은 새 단어 공부를 매일 저녁에 하는 게 피곤하지 않아?

불완료상 동사는 과정에 초점이 맞춰져 있죠. 정확한 내용은 '네가 매일 저녁 그렇게 많은 새 단어를 공부하는데, 그렇게 하면 피곤하지 않아?'입니다. 차이가 보이시죠?

227

86 Сейчас две тысячи двадцатый год.
지금은 2020년이야.

10단위 서수 그리고 연도를 말하는 법을 함께 배워볼까요?

A : **Какой у тебя старый телефон!**
너 핸드폰 엄청 오래됐네!

B : **Да, я купил его десять лет назад.**
그래, 10년 전에 샀지.

A : **Сейчас две тысячи двадцатый год.**
У всех есть смартфоны.
지금은 2020년이야. 다들 스마트폰을 가지고 있어.

B : **Мне нравится мой телефон...**
난 내 핸드폰이 좋은데…

새 단어

Смартфон 스마트폰
Назад ~전에

문법 더하기

서수 II (*서수 I은 63과 참고)

10번째	Десятый	60번째	Шестидесятый
20번째	Двадцатый	70번째	Семидесятый
30번째	Тридцатый	80번째	Восьмидесятый
40번째	Сороковой	90번째	Девяностый
50번째	Пятидесятый	100번째	Сотый

러시아어로 연도를 말할 때는 한국어처럼 기수가 아닌, 서수로 말해야 합니다. 서수는 형용사 형태입니다. 그래서 다른 형용사와 똑같이 문장 속에서 격 변화를 해야 합니다.

[주격] **Сейчас две тысячи двадцатый год.** 지금은 2020년이야.

[전치격] **Я родился в тысяча девятьсот девяностом году.** 난 1990년에 태어났어.

패턴 꽉!

Мой папа родился в тысяча девятьсот

пятидесятом году.

우리 아빠는 1950년생이셔.

Я пошёл в школу в две тысячи десятом году.

나는 2010년에 학교에 갔어.

Я поступил в университет в две тысячи двадцатом

году.

나는 2020년에 대학교에 입학했어.

Тысяча девятьсот десятый год был очень сложный.

1910년은 아주 힘든 해였습니다.

Корейский полуостров разделился на две страны

в тысяча девятьсот сорок пятом году.

한반도는 1945년에 두 나라로 분단됐습니다.

В каком году ты родился?

너 몇 년생이야?[직역: 너 어느 해에 태어났어?]

새 단어

**Поступить
в университет**
대학교에 입학하다

Сложный
힘들다, 복잡하다

Корейский полуостров
한반도

Разделиться
분단되다, 갈라지다

Страна 나라, 국가

Родиться 태어나다

연도 사용 TIP

문장을 말할 때 대부분의 경우 연도는 문장의 주어나 부사절이 됩니다. 즉 '무슨 연도는 어땠다'
나 '무슨 사건은 어느 연도에 일어났다' 하는 식이죠. 러시아어에서 연도가 문장의 주어가 될 때
는 주격을 쓰고, 문장의 부사절이 될 때는 전치격을 쓰면 됩니다(형용사 전치격을 61과에서 배
웠으니 형용사 전치격 어미가 생각나지 않으면 참고하세요).

예 Мой брат родился в тысяча девятьсот девяносто девятом году.
내 동생은 1999년생이야.

87 Я же тебе говорил!
내가 말했잖아!

말을 더 자연스럽게 만드는 же 조사를 배워볼까요?

A : **Я завтра еду в университет.**

난 내일 대학교로 가.

B : **Зачем? Завтра же нет занятий.**

뭐하러? 내일은 수업 없잖아.

A : **А, да? Почему мне никто не сказал?**

아 그래? 나한테 왜 아무도 말 안 했어?

B : **Я же тебе говорил!**

내가 말했잖아!

Же 조사

Же 조사는 어느 문장성분에나 붙어 그 말의 의미를 강조합니다. 예문 〈**Я завтра еду в университет.** 나는 내일 대학교에 가〉를 통해 **Же** 조사가 어떻게 활용되는지 살펴봅시다.

1. **Я же завтра еду в университет.** 내일 대학교에 가는 사람은 나잖아.
   *다른 누군가가 아닌 '나'라는 점을 강조

2. **Я завтра же еду в университет.** 내가 대학교에 가는 날은 내일이잖아.
   *다른 날이 아니라 바로 '내일'임을 강조

3. **Я завтра еду же в университет.** 나는 내일 대학교 갈 때 뭐 타고 갈 거잖아.
   *대학교에 갈 때 '무언가 타고' 갈 거라는 점을 강조

4. **Я завтра еду в университет же.** 나는 내일 가는 곳은 대학교잖아.
   *다른 곳이 아니라 대학교에 갈 거라는 점을 강조

- -

Я же студент!

난 학생이잖아!

Света же сказала, что она не пойдёт.

스베타는 안 갈 거라고 이야기했잖아.

Он приехал ещё вчера же.

그가 온 게 어제였잖아.

Почему же ты не знаешь?

너 도대체 어떻게 이걸 모를 수 있니?

Она же замужем!

그녀는 결혼했잖아!

Я же в прошлый раз не ответил.

난 지난번에 대답 못 했잖아.

У него же нет денег!

그는 돈 없잖아!

Это же Россия!

여긴 러시아잖아!

러시아어의 '결혼하다' 동사 활용

러시아어의 '결혼하다' 표현은 대상의 성별을 따릅니다.

1. 남성에 관해 이야기할 때는 Жениться 동사를 씁니다.

Жениться на + 명사 전치격

예 Максим женился на Лене три года назад. 막심은 3년 전에 레나와 결혼했어.

2. 여성에 관해 이야기할 때는 Выходить замуж라는 표현을 씁니다.

Выходить замуж за + 명사 생격

예 Лена вышла замуж за Максима три года назад. 레나는 3년 전에 막심과 결혼했어.

3. 주어가 남성도 여성도 아닌 명사(예: 그들)이면 Пожениться를 씁니다.

예 Они поженились три года назад. 그들은 3년 진에 결혼했어.

88 Ты взял у него телефон?
전화번호 받았어?

완료상/불완료상의 형태가 다른 특이한 동사에 관해 배워볼까요?

A : С кем ты разговаривал вчера на конференции?

어제 학술회의에서 누구랑 이야기했어?

B : С Максимом. Он учёный, историк.

막심이랑. 그는 학자야. 역사학자.

A : Ты взял у него телефон?

전화번호 받았어?

B : Да, мы обменялись телефонами.

응, 우린 전화번호를 교환했어.

새 단어

Конференция 학술 학회
Учёный 학자
Историк 역사학자
Обменяться 교환하다

문법 더하기

동사의 상, 특이한 동사

동사 상은 대부분의 경우 접두사/접미사로 인해 형성된다고 배웠습니다. 그러나 그 규칙을 따르지 않고 동사 자체가 다른 완료/불완료 짝들이 있습니다. 많지 않지만 암기할 필요가 있습니다.

	불완료상	완료상
가지다, 잡다, 사다	Брать	Взять
놓다	Класть	Положить
잡다, 붙잡다	Ловить	Поймать
찾다	Искать	Найти
이야기하다	Говорить	Сказать

패턴 꽉! -

Я никогда не брал у него денег взаймы.
난 그에게 논을 빌린 적 없어.

Ты взял билет в кино?
넌 영화 표를 샀어?[직역: 너 영화 표를 가졌어?]

Я очень долго искал эту фотографию!
난 이 사진을 정말 오랫동안 찾고 있었어!

И наконец нашёл её в старом бумажнике.
결국엔 옛날 지갑에서 찾았어.

Преподаватель говорил без остановки почти два часа.
교수님은 쉴 새 없이 거의 두 시간 동안 이야기하고 있었어요.

Лена сказала Максиму свой ответ вчера.
어제 레나는 막심에게 자신의 답을 말했어.

Я ловил такси три часа!
난 택시를 3시간 동안 잡고 있었어!

Я поймал такси в три часа ночи.
난 택시를 새벽 3시에 잡았어.

새 단어

Брать взаймы 빌리다
Наконец 결국에
Бумажник 지갑
Без остановки
쉴 새 없이, 계속

이번 과에 배운 동사는 상 개념을 이해하는 데에 큰 도움을 줄 수 있습니다. 과정, 지속성과 결과의 차이를 뚜렷하게 나타내 주기 때문이죠. 아래 문장들을 살펴봅시다.

Я очень долго искал эту фотографию! 난 이 사진을 정말 오랫동안 찾고 있었어!
Искать를 쓴 이유는 잃어버린 사진을 오랫동안 찾고 있었다는 과정을 나타내기 위함입니다. 찾는 과정 자체를 강조하기 때문에 불완료상 동사를 쓴 것이죠.

И наконец нашёл её в старом бумажнике. 결국엔 옛날 지갑에서 찾았어.
이 문장은 과정의 결과에 대해 말하고 있습니다. 찾는 과정이 끝나고 찾았다는 결과가 나타났으므로 완료상 동사인 Найти를 쓴 것이죠.

89 Ты помнишь, во сколько завтра встреча?

내일 회의가 몇 시에 있는지 기억해?

러시아어의 종속 의문문을 어떻게 만들 수 있는지 배워볼까요?

A : **Ты помнишь, во сколько завтра встреча?**

내일 회의가 몇 시에 있는지 기억해?

B : **Кажется, в четыре часа дня.**

오후 4시인 것 같아.

A : **А помнишь, где?**

어디인지 기억해?

B : **Нет, я забыл, где мы встречаемся...**

아니, 어디서 만나는지 기억 안 나…

새 단어

Помнить 기억하다
Забыть 잊다

문법 더하기

종속 의문문

종속 의문문이란 주 문장은 평서문, 종속 문장은 의문문으로 이루어진 것을 뜻합니다. 한국어의 '~는지 물어보다'와 같은 형식이죠. 지난 68과에서는 두 문장이 접속사 **что**로 연결되는 종속 평서문을 배웠습니다. 종속 의문문도 비슷합니다. 접속사 자리에 **Где**(어디), **Когда**(언제), **Сколько**(얼마나), **Во сколько**(몇 시에) 등의 해당 의문사를 넣으면 됩니다.

예 **Я спросил Лену, во сколько она может мне позвонить.**

나는 레나가 나에게 몇 시에 전화할 수 있는지 물어봤습니다.

Ты знаешь, когда он приезжает?

그가 언제 오는지 알아?

234

패턴 꽉! -

Я спросил, сколько стоит яблоко.
사과가 얼마인지 물었습니다.

Вы знаете, где сегодня Катя?
까쨔가 오늘 어디에 있는지 아세요?

Мама не знала, когда придёт её подруга.
엄마는 그녀의 친구가 언제 올지 몰랐어요.

Ты помнишь, во сколько у нас завтра приём у
врача?
우리 내일 의사의 진료가 몇 시인지 기억해?

Я спросил, как он так хорошо выучил русский язык.
나는 그가 러시아어를 어디서 이렇게 잘 배웠는지 물어봤다.

Я не знаю, какой подарок ему подарить.
그에게 어떤 선물을 할지 잘 몰라.

Учитель спросил, почему я не пришёл на занятие
вчера.
선생님은 내가 어제 왜 수업에 빠졌는지 물어보셨어요.

Вы знаете, куда надо идти?
어디로 가야 하는지 아세요?

새 단어

Яблоко 사과
Подруга 여성 친구
Приём 진료 시간
Врач 의사
Дорога 길, 도로

러시안 노트

종속 의문문이 별 다른 문법적인 변화 없이 의문사만으로 형성되는 것은 러시아어의 장점이라고 할 수 있습니다.

문장 1: **Я не знаю.** 난 모른다.

\+

문장 2: **Какой подарок ему подарить?** 그에게 어떤 선물을 할까?

= 종속 의문문

예 **Я не знаю, какой подарок ему подарить.** 그에게 어떤 선물을 할지 난 몰라.

90 Ты знаешь названия цветов радуги по-русски?
너 무지개 색깔을 러시아어로 다 알아?

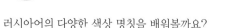

러시아어의 다양한 색상 명칭을 배워볼까요?

A : **Ты знаешь названия цветов радуги по-русски?**

너 무지개 색깔을 러시아어로 다 알아?

B : **Нет! Я не могу их запомнить...**

아니, 계속 잊어버려!

A : **Выучи фразу: каждый охотник желает знать, где сидит фазан!**

그러면 이 문장을 외워 봐. 사냥꾼은 모두 다 꿩이 어디에 있는지 알고 싶어 해!

새 단어

Название 제목, 이름

Цвет 색깔

Радуга 무지개

Фраза 문구, 어구

Охотник 사냥꾼

Желать 바라다, 희망하다

Фазан 꿩

문법 더하기

색깔 표현

무지개 색깔을 쉽게 외우기 위해 러시아 아이들이 하는 말장난이 있습니다.

Каждый охотник желает знать, где сидит фазан.
사냥꾼은 모두 다 꿩이 어디에 있는지 알고 싶어해.

К	Красный	빨간색	Г	Голубой	파란색
О	Оранжевый	주황색	С	Синий	남색
Ж	Жёлтый	노란색	Ф	Фиолетовый	보라색
З	Зелёный	초록색			

* 각 단어의 첫 글자가 색상 명칭의 첫 글자와 동일하다는 점을 주목! 단어의 순서도 무작위가 아니라 무지개 순서를 따른다는 점도 신기한 사실!

Мой любимый цвет - фиолетовый.

내가 가장 좋아하는 색깔은 보라색이야.

В российском флаге три цвета: белый, синий и красный.

러시아 국기는 하얀색, 파란색, 빨간색, 삼색기입니다.

Осенью всегда очень голубое небо.

가을 하늘은 언제나 많이 푸르다.

Москва – очень зелёный город.

모스크바는 녹색이 아주 많은 도시입니다.

Я люблю чёрную одежду.

난 검정색 옷을 좋아해.

У тебя есть синяя ручка?

너 혹시 파란색 펜 있어?

Какого цвета твоя машина?

네 차는 무슨 색이야?

Любимый
좋아하는, 선호하는

Российский 러시아의

Флаг 국기

Чёрный 검정색

Белый 하얀색

Энергия 에너지

러시안 노트

색깔 이름은 비유적으로도 쓰입니다. 대표적인 사례는 패턴 연습 예문에도 등장한 녹색입니다.

Зелёный는 '녹색'이라는 뜻으로 '나무가 많다', '가로수가 많다'라는 의미로도 많이 쓰입니다. 게다가 '친환경'의 의미로 쓰이는 경우도 많이 찾아볼 수 있습니다.

Зелёный город 녹색지대 많은 도시, 나무가 많은 도시
Зелёная энергия 친환경 에너지

Q1 허락의 표현인 Можно와 금지의 표현인 Нельзя를 사용하여 대화를 만들어 보세요.

A : 여기선 사진 찍어도 돼요?　　　　A : _____ .

B : 네, 됩니다.　　　　　　　　　　B : _____ .

A : 여기서 담배 피워도 되나요?　　　A : _____ .

B : 아니요, 안 됩니다.　　　　　　　B : _____ .

A : 들어가도 될까요?　　　　　　　　A : _____ .

B : 네, 들어오세요.　　　　　　　　　B : _____ .

A : 여기에 앉아도 될까요?　　　　　　A : _____ .

B : 아니요, 안 됩니다.　　　　　　　B : _____ .

Q2 아래 이름과 숫자를 보고 출생 연도를 러시아어로 말해 보세요.

보기

Костя, 1995 → Костя родился в тысяча девятьсот девяносто пятом году.

Максим, 2017　　**Саша, 1993**　　**Лена, 1982**　　**Михаил, 1959**

Брать
Взять

Я _____ у Саши книгу завтра.

난 내일 사샤에게 책을 빌릴 거야.

Лена каждый день _____ книги в библиотеке.

레나는 매일 도서관에서 책을 빌리고 있어.

Класть
Положить

Максим всегда _____ все вещи на место.

막심은 항상 모든 것을 제자리에 놓는다.

Куда ты _____ мою куртку?

너 내 재킷을 어디에 놓았어?

Искать
Найти

Я не могу _____ мой телефон! Где он?

내 핸드폰 못 찾겠어! 어디에 있을까?

Ты уже _____ его в своей сумке?

네 가방 안에 찾아봤어?

Ловить
Поймать

Я _____ такси два часа!

난 택시를 두 시간이나 잡고 있었어!

Мне надо _____ такси. Мне надо домой!

난 택시 잡아야 돼. 난 집에 가야 돼.

Говорить
Сказать

Когда ты _____ ему правду?

넌 그에게 언제 진실을 말할 거야?

Я не знаю, он сейчас _____ правду или нет.

그가 지금 진실을 말하는지 아닌지를 몰라.

Q1 A: Здесь можно фотографировать?

B: Да, можно.

A: Здесь можно курить?

B: Нет, нельзя.

A: Можно войти?

B: Да, можно.

A: Здесь можно сесть?

B: Нет, нельзя.

Q2 Максим родился в две тысячи семнадцатом году.

Саша родился в тысяча девятьсот девяносто третьем году.

Лена родилась в тысяча девятьсот восемьдесят втором году.

Михаил родился в тысяча девятьсот пятьдесят девятом году.

Q3 Я <u>возьму</u> у Саши книгу завтра.

Лена каждый день <u>берёт</u> книги в библиотеке.

Максим всегда <u>кладёт</u> все вещи на место.

Куда ты <u>положил</u> мою куртку?

Я не могу <u>найти</u> мой телефон! Где он?

Ты уже <u>искал</u> его в своей сумке?

Я <u>ловил</u> такси два часа!

Мне надо <u>поймать</u> такси. Мне надо домой!

Когда ты <u>скажешь</u> ему правду?

Я не знаю, он сейчас <u>говорит</u> правду или нет.

MEMO

91 Сегодня я встал в семь часов утра.
나는 오늘 아침 7시에 일어났어.

시간을 표현하는 방법을 배워볼까요?

A : **Во сколько ты встал сегодня утром?**

너 오늘 아침에 몇 시에 일어났어?

B : **Сегодня я встал в семь часов утра.**

오늘은 아침 7시에 일어났어.

A : **Как рано! А обычно ты во сколько встаёшь?**

진짜 일찍 일어났네! 보통은 몇 시에 일어나?

B : **Обычно я встаю в девять часов.**

보통은 9시에 일어나지.

새 단어

Вставать 일어나다
Рано 일찍

문법 더하기

시간 말하기 1

시간을 말할 때 필요한 단어는 час(시)입니다. 숫자와 결합하면 불규칙 활용되니 주의해야 합니다.

1	час
2, 3, 4	часа
5, 6, 7, 8, 9, 10, 11, 12	часов

1(그리고 1로 끝나는 모든 숫자: 21, 31, 41, 51… 등)은 단수이기 때문에 단수형을 씁니다. 그러나 2, 3, 4는 예외입니다. 2, 3, 4(또한 2, 3, 4로 끝나는 모든 숫자: 22, 23, 24, 32, 33, 34… 등)는 단수 생각을 요구하는 숫자들입니다. 또한 5 이상 (10단위 포함: 20, 30, 40 등)은 복수 생각을 요구하는 숫자들입니다. 매우 중요하니 반드시 기억해둡시다.

패턴 꽉! -

Сейчас уже девять часов вечера.

지금은 벌써 밤 9시야.

Обычно я ужинаю в семь часов вечера.

난 보통 저녁을 7시에 먹어.

Сегодня я позавтракал в десять часов утра.

나는 오늘 아침 10시에 아침을 먹었어.

Наши занятия начинаются в два часа дня.

우리 수업은 낮 2시에 시작해.

Давай встретимся в четыре часа!

4시에 만나자!

Вставай! Уже девять часов утра!

일어나! 벌써 아침 9시야!

У нас обед в час дня.

우리 점심은 낮 1시야.

Я ложусь спать в одиннадцать часов вечера.

난 밤 11시에 잠 자.

새 단어

Ужинать 저녁을 먹다
Завтракать 아침을 먹다
Ложиться спать 잠 자다

러시아 사람들은 시간을 말할 때 '아침 / 낮 / 저녁 / 밤 몇 시'하는 식의 문장을 만듭니다. 물론 문맥상 밤인지 낮인지 뚜렷할 때 생략해도 되지만, 보통은 붙여 말하는 게 자연스럽습니다.

예 Я пойду домой в шесть часов вечера. 난 저녁 6시에 집으로 갈 거야.

Позвони мне завтра в десять часов утра. 내일 아침 10시에 전화해 줘.

Я вчера лёг спать почти в два часа ночи. 난 어제 거의 새벽 2시에 잠 잤어.

92 Завтра мне надо встать в полседьмого.
난 내일 6시 반에 일어나야 해.

시간의 분 단위를 표현하는 방법을 배워볼까요?

A : **Извини, я пойду домой.**
미안해, 난 집에 갈게.

B : **Ещё только полдесятого вечера!**
아직 9시 반밖에 안 됐잖아!

A : **Завтра мне надо встать в полседьмого!**
난 내일 6시 반에 일어나야 해.

B : **А... Ну тогда ладно.**
아… 그래 그럼.

새 단어

Ладно 그래, 좋아, 오케이

문법 더하기

시간 말하기 2

분 단위를 말할 때에도 지난 과에 배운 방식처럼 이야기하면 됩니다. 분은 Минута입니다.

예 **Сейчас три часа двадцать минут.** 지금은 3시 20분이야.

30분을 말할 때는 예외입니다. **Пол** + 시를 나타내는 서수의 생격 형식으로 써야 합니다.

* 우리는 서수를 63과에서, 형용사의 생격을 66과에서 배웠습니다.

여기서 잠깐! 러시아어와 한국어의 시간의 '반' 표현은 다릅니다. 러시아어는 '다음 시의 절반'으로 말합니다. 예를 들어, 한국어의 '6시반'은 러시아어에서 '7시의 절반'으로 표현됩니다!

패턴 꽉! -

Давай встретимся завтра в полтретьего!

내일 2시 반에 만나자!

Шуметь 시끄럽게 하다

Концерт заканчивается в полшестого вечера.

공연은 저녁 5시 반에 끝납니다.

Занятия в университете начинаются в полдесятого

утра.

대학교 수업은 아침 9시 반에 시작합니다.

Ты почему шумишь? Сейчас полвторого ночи!

왜 이렇게 시끄러워? 새벽 1시 반이야![직역: 너 왜 시끄럽게 해?]

Давай пообедаем вместе завтра в полпервого.

내일 12시 반에 점심 같이 먹을까?

У меня завтра экзамен в полдвенадцатого утра.

내일 시험은 아침 11시 반이야.

Вчера я лёг спать очень рано, в пол-одиннадцатого

вечера.

난 어제 일찍 잤어, 밤 10시 반에.

Надо спать, уже полчетвёртого ночи!

자야 돼, 벌써 새벽 3시 반이야!

러시안 노트

'몇 시의 반'을 말할 때는 **час**나 **минута**를 붙이지 않아도 되지만, 밤/아침/낮/저녁 등의 표현에 는 붙이는 게 자연스럽습니다. 위 패턴 연습에서 봤듯이 그런 경우에는 생격을 사용해야 합니다.

구어체에서 시간을 말할 때는 **час**와 **минута**를 생략하기도 합니다. 하지만 러시아어가 아직 서툰 사람은 **час**와 **минута**를 붙여서 사용할 것을 권장합니다.

예 Давай встретимся в три двадцать. 3[시] 20[분]에 만나자.

93 Я отдал компьютер младшему брату.
컴퓨터를 동생에게 줬어.

형용사의 마지막 격조사, 여격에 관해 살펴볼까요?

A : **А где мой компьютер?**

내 컴퓨터 어딨어?

B : **Я отдал компьютер младшему брату.**

컴퓨터를 동생에게 줬어.

A : **Это же мой компьютер!**

그거 내 컴퓨터잖아!

B : **Извини. А потом я уже пообещал его нашей маме.**

미안해. 벌써 우리 엄마에게도 약속했어.

새 단어

Отдать 주다, 돌려주다
Пообещать 약속하다

문법 더하기

형용사 여격 *여격 조사 활용법이나 쓰임새는 38과를 참조합시다.

남성형	여성형	중성형
– ый /– ой → –ому –ий → –ему	– ая → –ой –ая(ж, ш, ч, щ) → –ей – яя → –ей	– ое → –ому – ее → –ему
Красивый город – Красивому городу 예쁜 도시 Синий паспорт – Синему паспорту 파란 여권	Красивая улица – Красивой улице 예쁜 거리 Синяя ручка – Синей ручке 파란 펜 Младшая сестра – Младшей сестре 여동생	Красивое море – Красивому морю 예쁜 바다 Синее небо – Синему небу 파란 하늘

패턴 꽉! ----------------------------------

Я подошёл к большому озеру.

나는 큰 호수에 다가갔다.

Я сказал старшей сестре, что ещё не читал эту книгу.

나는 이 책을 아직 못 읽었다고 누나에게 이야기했어.

Машина ехала по широкой дороге.

차는 넓은 도로 위에 달리고 있었다.

Он ответил бывшей девушке, что не может

помочь ей.

그는 그의 옛 여자친구에게 도와줄 수 없다고 답했어.

Лена пообещала книгу знакомому другу.

레나는 이 책을 아는 친구에게 주기로 약속했어.

Мне надо отдать злому начальнику эти

документы.

우리 상사에게 이 서류를 제출해야 해.

Мы долго гуляли по зелёному парку.

우리는 오랫동안 푸른 공원을 누볐다.

Я очень скучаю по домашней еде.

나는 집밥을 많이 그리워하고 있어.

새 단어

Подойти 다가가다

Озеро 호수

Бывший 옛, 이전의

Знакомый 아는, 지인

Злой 화난, 독한

Начальник 상사, 사장

Документы 서류, 문서

Домашняя еда 집밥

러시안 노트

전치사 К와 По는 여격과 같이 사용합니다. К는 '다가오다, 가까워지다'의 의미합니다.

예 Я подошёл к старому зданию. 나는 낡은 건물에 다가갔어.

전치사 По는 장소를 뜻하는 명사와 결합하고 '돌아다니다, 가로 지르다, 건너다'를 의미합니다.

예 Самолёт летел по синему небу. 비행기는 푸른 하늘에서 날아가고 있었다.

94 Я брожу по парку недалеко от дома.

난 집 근처에 있는 공원에서 산책 중이야.

장소 전치사 В와 По의 차이를 확실하게 알아볼까요?

A : **Ты где?**

너 어디야?

B : **Я брожу по парку недалеко от дома.**

난 집 근처에 있는 공원에서 산책 중이야.

A : **Но сейчас же идёт дождь!**

지금 비가 오고 있는데?

B : **Ну и что? Мне грустно и я хочу погулять под дождём!**

그래서? 나는 좀 슬프고 비 맞으면서 산책하고 싶어!

새 단어

Бродить
왕래하다, 돌아다니다

Недалеко
근처에, 멀지 않은 곳에서

Ну и что? 그래서 뭐 어때?

장소 전치사 По와 В

전치사 В와 По는 둘 다 장소의 의미를 가지고 있지만 뉘앙스는 다릅니다.

В는 일반 동사와 결합할 때는 장소, 동작 동사와 결합할 때는 방향을 나타냅니다.

예 **Я живу в Сеуле.** 나는 서울에 산다.

Я еду в Москву. 나는 모스크바에 간다.

По는 주로 이동 동사와 결합하여 '목적 없이 돌아다니다, 왕래하다'라는 뜻을 더해줍니다.

예 **Я люблю гулять по парку.** 나는 공원에서 돌아다니는 것을 좋아해.

패턴 꽉! -

Я долго бродил по магазину.

나는 백화점에서 오랫동안 여기저기 돌아다녔다.

Лена в молодости много путешествовала по
Италии.

레나는 젊었을 때 이탈리아를 많이 돌아다녔어요.

Ты хочешь почитать книгу в кафе?

카페에서 책을 읽을래?

Солнце ярко светило в небе.

태양은 하늘에서 쨍쨍했다.

Я люблю ходить пешком по незнакомому городу.

나는 내가 모르는 도시에 도보로 돌아다니는 것을 좋아해.

Максим ходил по зданию и не мог найти нужный
кабинет.

막심은 건물을 여기저기 다 돌아다녀 봤지만 필요한 호실을 못
찾았다.

Света задумчиво ходила по квартире.

스베타는 깊이 생각하면서 집을 누볐다.

В этом городе очень опасно ходить по улицам.

이 도시는 밤거리를 돌아다니는 것이 아주 위험해요.

새 단어

Италия 이탈리아
Ярко 환하게, 쨍쨍하게
Светить 비치다
Незнакомый 모르는
Нужный 필요한
Кабинет 호실, 호
Задумчиво 생각하면서
Опасно 위험하다

이 전치사들이 서로 다른 격조사를 요구한다는 점을 주의합시다.

예 Лена часто ездила в Италию.

레나는 이탈리아에 자주 갔었다. [대격]

Лена много путешествовала по Италии.

레나는 이탈리아에서 많이 돌아다녔다. [여격]

 **95** Мы договорились встретиться завтра.
우리는 내일 만나기로 했어.

'~하기로 하다' 문법을 배워볼까요?

A : Тебе звонил Саша.
사샤가 너한테 전화했어.

B : Да, я знаю.
응, 알아.

A : Ты ему не позвонишь?
사샤에게 전화 안 할 거야?

B : Зачем? Мы всё равно договорились
встретиться завтра.
뭐하러? 어차피 내일 만나기로 했는데.

새 단어

Всё равно 어차피

Договориться 약속하다

 문법 더하기

Договориться + 동사 문법

Договориться의 대표적인 의미는 한국어의 '~하기로 하다'입니다. 여기서 꼭 기억해야 할 점은 러시아어에서 동사 두 개가 나란히 나올 때 첫 번째 동사는 주어의 성, 수, 인칭에 따라 변하는데, 두 번째 동사는 항상 예외 없이 기본형으로 나온다는 점입니다!

Договориться + 완료상 기본형 동사

예 Я договорился поговорить с ним на следующей неделе.
나는 그와 다음 주에 이야기하기로 했다.

Мы договорились позвонить друг другу в пятницу.
우리는 서로에게 금요일에 전화하기로 했어요.

Я договорился пойти с мамой за продуктами завтра вечером.
저는 엄마와 함께 내일 저녁에 장보러 가기로 했어요.

Когда ты договорился написать бабушке письмо?
할머니에게 편지를 언제 쓰기로 했어?

Максим договорился с другом прийти к нему домой вечером.
막심은 친구네 집으로 저녁에 놀러 가기로 했어.

Мы договорились поехать в Россию вместе.
우리는 러시아에 같이 가기로 했어요.

Где вы договорились посмотреть кино?
영화를 어디서 보기로 했어?

Во сколько ты договорился позвонить по поводу объявления?
공고와 관련해 몇 시에 전화하기로 했어?

Мы же договорились не делать это!
우리는 이것을 안 하기로 했잖아요!

새 단어

Друг другу 서로에게

Пойти за продуктами
장보러 가다

Объявление 광고, 공고

Повод 계기

По поводу ~에 관련하여

Договориться와 비슷한 말로, Решить(결정하다)를 쓸 수 있습니다.

예 Мы решили остаться дома. 우리는 집에 남기로 했다.

Я решил не пойти завтра в университет. 난 내일 대학교에 안 가기로 했어.

96 Я веду сына в детский сад.
아들을 데리고 유치원에 가고 있어.

자주 헷갈리는 동사 Вести와 Везти에 대해 자세히 살펴볼까요?

A : **Привет! Ты куда идёшь?**

안녕! 어디 가?

B : **Я веду сына в детский сад.**

아들 데리고 유치원에 가고 있어.

A : **Молодец! Кстати, ты завтра едешь к Лене?**

그렇구나. 아, 맞다! 넌 내일 레나네 갈 거야?

B : **Конечно! Мы едем с женой и везём подарки!**

그림! 와이프와 함께 가고 선물도 가지고 갈 거야!

새 단어

Сын 아들
Детский сад 유치원
Молодец!
잘했어! 그렇구나!
Кстати 그건 그렇고

문법 더하기

Вести와 Везти 동사 활용법

두 동사는 글자 하나만 다르지만 뜻도, 활용법도 다릅니다. Вести는 '누구를 (손잡고) 데리고 걸어 가다/오다'입니다. Везти는 '물건을 교통 수단에 싣고 타고 가다/오다'입니다.

'Вести' 동사 활용		'Везти' 동사 활용	
나	Веду	나	Везу
우리	Ведём	우리	Везём
너	Ведёшь	너	Везёшь
너희 / 당신	Ведёте	너희 / 당신	Везёте
그 / 그녀	Ведёт	그 / 그녀	Везёт
그들	Ведут	그들	Везут

252

패턴 꽉!

Я завтра веду друга в театр.
난 내일 친구를 데리고 극장에 간다.

Ты везёшь мне мой подарок?
내 선물 가지고 오는 거야?

Учительница ведёт детей в музей в этот четверг.
선생님은 이번 주 목요일에 아이들 데리고 박물관에 갑니다.

Максим везёт много вещей, помоги ему!
막심은 짐이 많아, 그를 도와줘!

[직역: 막심은 많은 짐을 가지고 오고 있어, 그를 도와줘!]

Куда вы ведёте вашего папу?
아버지를 모시고 어디 가세요?

Они летят из России и везут много подарков.
그들은 선물을 많이 가지고 러시아에서 돌아오고 있어요.

Завтра мы ведём наших домашних питомцев к ветеринару.
우리는 내일 우리 애완동물을 데리고 수의사에게 갈 겁니다.

Что ты везёшь?
뭘 가지고 오는 거야?

새 단어

Вещи 짐, 물건
Домашний питомец
애완동물
Ветеринар 수의사

러시안 노트

Вести와 Везти 동사의 차이

Вести는 사람에만 해당되며, 항상 '누군가를 손잡고 데리고 걸어서 가다'를 뜻합니다. 엄마가 아이를 데리고 학교에 함께 가거나, 친구를 데리고 동네 한 바퀴 도는 것이 예시가 될 수 있습니다.

Везти는 물건에만 해당이 됩니다. 사람을 Везти 할 수 없습니다. 물건을 교통 수단에 싣고, 그 교통 수단을 통해 이동한다는 뜻을 갖는 동사입니다.

9과 Пора спать!
잘 시간이야!

구어체 Пора 표현을 배워볼까요?

A : **Ты уже почистил зубы?**

양치 다 했어?

B : **Я хочу ещё немного поиграть!**

조금만 더 놀고 싶어요!

A : **Хватит! Пора спать!**

그만, 이제는 잘 시간이야.

B : **Но ещё же очень рано!**

하지만 아직 너무 이르잖아요!

새 단어

Почистить 닦다
Зубы 이빨
Хватит! 그만! 하지 마!

Пора + 동사 문법

Пора는 '~할 시간이 됐다'는 뜻을 가진 표현입니다. **Пора** 다음에 동사 기본형을 씁니다.

예 **Пора есть!** 밥 먹을 시간이야!

Тебе уже тридцать лет. Пора и о семье подумать.
넌 벌써 서른 살이야. 이제는 결혼을 생각할 때가 됐지.

Пора가 있는 문장의 주어는 항상 여격으로 취합니다.

예 **Лене пора учить корейский язык.** 레나는 한국어를 공부할 때가 다 됐어.

254

패턴 꽉! -

Нам пора бросить курить.

우리는 금연해야 해.[직역: 우리는 담배 끊을 때가 됐어.]

Тебе не пора уже научиться водить машину?

넌 차 운전을 배울 때가 되지 않았니?

Бабушке пора принимать лекарства.

할머니는 약 드실 시간이 됐습니다.

Мне пора идти в спортзал на тренировку.

난 운동 갈 시간이야.

[직역: 나는 헬스에 운동을 하러 갈 시간이 다 됐어.]

Максиму уже тридцать пять лет. Пора подумать о

детях.

막심은 벌써 서른 다섯 살이야. 이제는 아이 가질 생각을 해야지.

Пора забыть о прошлом.

과거를 잊어야 할 때가 됐어.

Свете пора заняться спортом .

스베타는 운동할 때가 됐네.

Пора домой!

집에 갈 때가 됐어!

새 단어

Бросить 그만두다, 포기하다

Курить 담배 피다

Водить машину 차 몰다

Спортзал 헬스장

Тренировка 운동, 트레이닝

Забыть 잊다

Прошлое 과거

러시안 노트

문맥상 행동이나 동작이 뚜렷하게 나타나면, 동사를 생략할 수도 있습니다.

예 A: Я решил начать изучать корейский язык. 난 한국어를 배우기로 했어.

B: Пора уже. Ты же живёшь в Корее пять лет.
드디어. 넌 한국에 산 지 5년이나 지났잖아.

예 Мне пора! 난 가야 돼!

98 Я люблю болтать с друзьями.
난 친구들이랑 수다 떠는 걸 좋아해.

복수 격조사 – 복수 조격에 관해 배워볼까요?

A : **Что ты любишь делать в выходные?**
주말에 무엇을 하는 걸 좋아해?

B : **Я люблю болтать с друзьями.**
난 친구들이랑 수다 떠는 걸 좋아해.

A : **А ещё? Это всё?**
그리고? 그게 전부야?

B : **Ещё я люблю ходить в кино с родителями.**
또는 부모님이랑 영화 보러 다니는 것도 좋아해.

새 단어

Выходные 주말
Болтать 수다 떨다
Всё 전부, 다

문법 더하기

명사 복수 조격

복수 어미	남성형	여성형	중성형
	−ы → −ами	−ы, −и → − ами	−а → −ами
	−и → −ями	−ии → −ями	−я → −ями
	Столы → Столами	Школы → Школами	Окна → Окнами
	Словари → Словарями	Ночи → Ночами	Моря → Морями
	Музеи → Музеями	Станции → Станциями	

* 명사 조격의 사용에 관해서는 33과 참조

예 **Корейский полуостров покрыт горами.** 한반도는 산으로 덮여 있다.

패턴 꽉! -

Я люблю путешествовать с друзьями.

나는 친구들과 함께 여행하는 것을 좋아해요.

Мама часто разговаривает с детьми.

엄마는 아이들과 자주 이야기를 해요.

Мне нравится ходить в театр с родителями.

나는 부모님과 같이 극장에 가는 게 좋아.

У Саши бизнес, он торгует машинами.

사샤는 사업을 해, 자동차 장사를 하는 거야.

Новая Зеландия известна горами, реками и озёрами.

뉴질랜드는 산과 강과 호수로 유명하다.

Эта рубашка не сочетается с джинсами.

이 셔츠는 청바지와 어울리지 않아.

Максим днями и ночами готовился к экзамену.

막심은 밤낮 없이 시험을 준비하고 있었어.

Докажи делами, а не только словами!

일로 증명해, 말만 하지 말고!

새 단어

Покрыть 덮다, 덮여 있다

Бизнес 사업, 비즈니스

Торговать 장사하다

Новая Зеландия
뉴질랜드

Рубашка 셔츠

Джинсы 청바지

Сочетаться 어울리다, 맞다

Доказать
입증하다, 증명하다

Снег 눈

Холод 추위

러시안 노트

러시아어의 격조사를 무조건 암기하는 것보다는 어떤 동사가 어떤 조격과 결합하는지를 외우는 것이 훨씬 더 효과적인 학습 방법입니다.

Известный + 조격

예 Россия известна снегом и холодом. 러시아는 눈과 추위로 유명하다.

'~와/과 함께' + 조격

예 Я часто гуляю с собаками. 나는 우리 강아지들과 함께 자주 산책한다.

99 С тех пор я стал ходить только пешком.
그때부터 나는 걸어서만 다니기 시작했어.

Стать 동사의 다양한 활용에 대해 배워볼까요?

A : **Почему ты не купишь машину?**

너 왜 차 안 사?

B : **Я боюсь машин. Однажды я попал в сильную аварию.**

난 차가 무서워. 심한 교통사고를 당한 적이 있어서…

A : **А да? Я не знал!**

아, 그래? 몰랐어!

B : **С тех пор я стал ходить только пешком.**

그때부터 나는 걸어서만 다니기 시작했어.

새 단어

Бояться 무서워하다
Попасть 당하다, 맞다
Авария 교통사고
Сильный 강하다, 세다
С тех пор 그때부터

Стать 동사 활용

Стать 동사는 '~하기 시작하다'라는 뜻으로도 많이 쓰입니다. 이 경우 앞서 배운 것과 마찬가지로 동사는 주어에 따라 변형하고, 그 뒤에 오는 동사는 항상 기본형으로 쓰입니다.

주어 + Стать + 불완료상 기본형 동사

예 **Я стал ходить пешком.** 난 걸어서 돌아다니기 시작했다.

　Мы стали смотреть этот сериал. 우리는 이 드라마에 빠졌다.

패턴 꽉! -

Мне понравилось плавать и я стал чаще ходить в бассейн.

난 수영이 마음에 들어서 수영장에 더 자주 가기 시작했어.

С каких пор вы стали так много читать?

언제부터 이렇게 많이 읽기 시작하셨어요?

Фильм получил плохие отзывы и мы не стали его смотреть.

영화는 평가가 안 좋아서 안 보기로 했어.

Ему было очень грустно, и я не стал ничего говорить.

그가 너무 슬퍼해서 말 꺼내지도 않았어.

Боми стала учить русский язык, когда приехала в Россию.

보미는 러시아에 오고 나서 러시아말을 배우기 시작했어요.

Я стал плохо спать после аварии.

교통사고 이후에 잠자기 불편해졌어.

Он помог ей один раз, и она стала звонить каждый день.

그는 그녀를 한번 도와줬는데 그녀는 이제 그에게 매일 전화하기 시작했어.

С каких пор ты стал говорить по-китайски?

너 중국어를 언제부터 이렇게 잘했어?

새 단어

Бассейн 수영장

С каких пор
언제부터 (의문문에서)

Отзыв 평가, 반응

Получить плохой отзыв
반응이 안 좋다, 평가 안 좋다

러시안 노트

Стать 동사는 말하는 사람의 의지보다는 외부의 입박과 강요에 따라 행위가 이루어진다는 뜻을 갖고 있습니다. 예를 들어, **Я стал учить русский язык** 같은 문장은 '내가 러시아말을 배우게 됐다'로 번역해야 합니다. 이는 스스로 원해서가 아니라 외부의 강요가 있어서 어쩔 수 없이 그렇게 하기 시작했다는 어감이 아주 강합니다! 이 점을 꼭 기억해서 **Стать**를 자연스럽게 사용합시다.

100

Ты поговорил с Леной?
넌 레나와 이야기 해봤어?

이야기하는 것과 관련한 다양한 표현을 배워볼까요?

A : **Ты поговорил с Леной?**
넌 레나와 이야기 해봤어?

B : **Да, мы разговаривали вчера.**
응, 우리는 어제 이야기 나눴어.

A : **И что она тебе сказала?**
그래서? 뭐라고 했어?

B : **Она сказала, что больше не хочет меня видеть.**
더 이상 나를 보고 싶지 않다고 말했어.

Больше 더 이상

'말하다'의 의미를 다양하게 표현하기

Говорить는 불완료상 동사로 진행 중임을 뜻하는 동사입니다. '지금 말을 하고 있다', '특정 기간 동안 말을 이어가다'로 해석됩니다. 또한 정기적으로 발생하는 동작의 의미도 갖고 있습니다. 한국어로는 '이야기를 하다' 혹은 '이야기를 나누다'로 자주 번역이 되죠.

예 **Я часто говорю моим друзьям о моих мечтах.**
나는 친구들에게 나의 꿈에 관해 자주 이야기한다.

Сказать는 완료상 동사로 과거에 단 한 번 일어난, 또는 미래에 단 한 번 일어날 동작에 대해 말할 때 씁니다. 지속적으로 이야기하는 것이라기보다는 '말하다' 동사의 의미에 더 가까운 거죠.

예 **Я скажу тебе об этом завтра.** 이것에 관해 내일 말해줄게.

패턴 꽉!

Я не хочу об этом говорить.

난 이것에 관해 이야기하고 싶지 않아.

Давай говорить о хорошем?

좋은 것에 관해 이야기하면 안 될까?

Что ты сказал Свете?

스베타에게 무슨 말 했어?

Ты говорил со Светой?

스베타와 이야기를 해봤어?

Я никогда не говорил такого!

난 이런 말을 한 적 없어!

О чём вы говорили целый час?

한 시간 동안이나 무슨 이야기를 했어?

새 단어

Такой 이렇다, 그렇다

Целый час 한 시간이나

러시안 노트

러시아어 동사가 어려운 이유는 수많은 접두사 때문입니다. 동사 어근에 접두사가 붙어 그 의미를 변형시키는데, 이를 한국어로 딱 맞아 떨어지게끔 번역하기란 어렵죠. 그러므로 아래 소개하는 중심 의미를 먼저 이해해야 암기하기 쉽습니다.

Поговорить. 잠깐 이야기를 해보다.

접두사 'По–'는 '이야기하다'에 '잠깐'의 뉘앙스를 더해 줍니다.

예 Мы поговорили и я пошёл домой. 우리는 이야기를 하고 나는 집으로 갔어.

Разговаривать. 특정 기간/오랫동안 이야기를 하다

어떤 문제에 관해 일정 기간 내내 논의하는 등 과정 자체가 길게 이루어지는 상황에서 많이 씁니다. 중요한 점은 대화를 나누는 사람이 항상 여러 명이어야 합니다.

예 В университете мы долго разговаривали о том, как лучше учить русский язык.

우리는 대학교 수업 때 러시아어를 어떻게 하면 더 잘 배울 수 있을지 오래 이야기를 했어요.

Рассказать. 이야기를 해주다

이 동사는 한 사람이 오랫동안 무언가를 설명하거나 1인 스피치 할 경우에 많이 쓰입니다.

예 Лена рассказала нам о её путешествии в Японию.

레나는 일본 여행에 관해 우리에게 이야기했어.

Q1 시간을 말해 보세요.

_____ _____ _____

_____ _____ _____

Q2 알맞은 전치사를 골라 문장을 완성해 보세요.

· Максим живёт (В / По) Корее уже два года.
막심은 한국에 산 지 벌써 2년이나 지났어.

· Максим путешествовал (В / По) Корее очень долго.
막심은 한국을 오랫동안 여행하고 있었어.

· (В / По) небу летела птица.
하늘엔 새가 날아가고 있었다.

· (В / По) небе светило солнце.
태양은 하늘에서 환하게 비추고 있었다.

· В этом городе опасно ходить (В / По) улицам.
이 도시에선 길가에 돌아다니기가 좀 위험해.

· Лена долго бродила (В / По) магазину.
레나는 오랫동안 마트를 여기저기 돌아다녔어.

Q3 Везти 또는 Вести 중에 알맞은 동사를 골라 다음 문장을 러시아어로 번역해 보세요.

· **Завтра я _____ ребёнка в детский сад.**
  내일은 아이를 데리고 유치원에 갈 거야.

· **Ты _____ мне подарок из России?**
  러시아에서 선물을 가지고 오는 거야?

· **В пятницу мы _____ нашу собаку к ветеринару.**
  이번 주 금요일에 우리는 강아지를 데리고 수의사에게 가요.

· **Помоги Лене, она _____ много вещей!**
  레나를 좀 도와줘, 그녀는 짐을 많이 가지고 오고 있어!

Q4 다음 본문을 읽고 빈칸에 알맞은 전치사를 넣어 보세요.

· **Вчера я позвонил моему (лучший друг) .**
  난 내 단짝 친구에게 어제 전화했어.

· **Брат отдал его компьютер (младшая сестра) .**
  오빠는 여동생에게 컴퓨터를 줬어요.

· **Я подошёл к (высокий памятник) .**
  나는 높은 동상에 다가갔어.

· **Мы очень скучаем по (хорошая погода) .**
  우리는 좋은 날씨가 아주 그리워.

· **Лена долго гуляла по (красивый город) .**
  레나는 예쁜 도시를 오래 거닐었다.

Q1   Два часа

Полпятого

Десять часов сорок минут

Полседьмого

Одиннадцать часов пятнадцать минут

Семь часов тридцать пять минут

Q2   Максим живёт <u>в</u> Корее уже два года.

Максим путешествовал <u>по</u> Корее очень долго.

<u>По</u> небу летела птица.

<u>В</u> небе светило солнце.

В этом городе опасно ходить <u>по</u> улицам.

Лена долго бродила <u>по</u> магазину.

Q3   Завтра я <u>веду</u> ребёнка в детский сад.

Ты <u>везёшь</u> мне подарок из России?

В пятницу мы <u>ведём</u> нашу собаку к ветеринару.

Помоги Лене, она <u>везёт</u> много вещей!

Q4   Вчера я позвонил моему <u>лучшему другу</u>.

Брат отдал его компьютер <u>младшей сестре</u>.

Я подошёл к <u>высокому памятнику</u>.

Мы очень скучаем по <u>хорошей погоде</u>.

Лена долго гуляла по <u>красивому городу</u>.

MEMO

101

Я люблю свою работу.
난 내가 하는 일을 너무 좋아해.

러시아어에서 자주 헷갈리는 свой 소유 대명사에 관해 배워볼까요?

A : Ты же переводчик?

너 통역사였나?

B : Да, перевожу с английского на русский.

응, 영러 통역을 하고 있어.

A : И как? Много зарабатываешь?

그래? 그러면 돈을 잘 벌어?

B : Зарабатываю не очень много, но люблю свою работу.

돈을 많이 버는 건 아니지만 내가 하는 일이 너무 좋아.

새 단어

Переводчик
통역사, 번역가

Переводить 번역하다

Зарабатывать 돈을 벌다

Чемодан
트렁크, 여행용 가방

Свой 소유 대명사

Свой는 흔히 '자신의'로 번역됩니다. 그러나 러시아어와 한국어의 문법은 일치하지 않기 때문에 해석하는 데에 어려움이 생기기도 합니다. **Свой**는 문장의 주체와 행동의 주체가 동일할 때만 쓸 수 있습니다. 여기서 어려운 부분은 '행동의 주체'라는 개념입니다. 한 문장 안에서 문장의 주체와 행동의 주체가 일치하지 않을 수 있습니다. 이를 주의하셔야 합니다.

예 **Лена взяла свой чемодан и вышла из аэропорта.**
레나는 자기 가방을 들고 공항 밖으로 나갔어.

Я очень люблю свою квартиру. 난 내 아파트가 아주 마음에 들어.

패턴 꽉!

Я увидел своего друга на платформе.
난 승강장에서 내 친구를 봤어.

Он выпустил уже свою третью книгу.
그는 벌써 자신의 세 번째 책을 출판했다.

Я ещё раз посмотрел в своей сумке, но ключи не нашёл.
난 내 가방에서 다시 찾아봤지만 열쇠를 못 찾았어.

Вы знаете своё расписание?
혹시 자기 일정을 알고 계신가요?

Света не помнила своего номера телефона.
스베타는 자기 번호가 기억 안 났다.

Ты купил свой дом?
넌 아예 집을 샀어? [직역: 넌 네가 소유할 집을 샀어?]

Они забрали свои вещи ещё вчера.
그들은 자기 짐을 어제 다 가져갔어요.

Тебе надо купить свой словарь!
자기 사전을 사, 좀!

새 단어

Платформа 승강장
Выпускать
출간하다, 출판하다
Расписание 시간표, 일정
Вещи 짐

러시안 노트

Лена взяла свой чемодан. 레나는 자기 가방을 들었다.
Лена взяла её чемодан. 레나는 그녀의 가방을 들었다. / 레나는 자기 가방을 들었다.

첫 문장은 레나가 자신의 소유인 가방을 들었다는 뜻입니다. 두 번째 문장은 레나가 다른 여성의 소유인 가방을 들었다는 뜻이 될 수 있습니다. 왜냐하면 её(그녀의) 소유 대명사는 문장의 주체인 레나와 상관없을 수 있기 때문입니다. 이러한 어려움은 주어가 3인칭 내명사일 때만 나타납니다. 주어가 1~2인칭(단수형/복수형)일 경우 свой를 일반 소유 대명사로 대체해도 무관할 때가 많습니다.

예 Я люблю мою работу = Я люблю свою работу. 난 내 일을 좋아해.

102
Я собираюсь заниматься спортом каждый день.
운동을 매일 하려고 해.

собираться 동사에 의한 '~하려고 하다 / ~할 의지가 있다' 문법을 배워볼까요?

A : **О чём ты думаешь?**

무슨 생각을 하고 있어?

B : **Надо что-то менять в своей жизни.**

인생을 바꿔야 할 것 같다고 생각해.

A : **И что ты хочешь делать?**

무엇을 하려고?

B : **Я собираюсь заниматься спортом каждый день.**

운동을 매일 하려고 해.

새 단어

Что-то 무언가
Менять 바꾸다
Жизнь 삶, 인생

문법 더하기

Собираться + 동사 : '~하려고 하다 / ~할 의지가 있다'

Собираться는 '하려고 하다, 의지를 가지고 준비를 하다'라는 뜻을 가진 동사입니다. 이 동사 뒤에 또 다른 기본형 동사를 붙이면 '~하려고 하다 / ~할 의지가 있다'의 문장을 만들 수 있습니다.

주어 + Собираться + 기본형 동사(완료상/불완료상)

나	Собираюсь	우리	Собираемся
너	Собираешься	너희들 / 당신	Собираетесь
그 / 그녀	Собирается	그들	Собираются

예 **Я собираюсь читать по две книги каждый месяц.**

나는 매월 두 권씩 책을 읽으려고 해.

패턴 쫙!

Куда ты собираешься поступать?
너 어디로 입학하려고 해?

Я собираюсь изучать японский язык со следующего года.
나는 내년부터 일본어를 배울 의지가 있어.

На следующей неделе Катя собирается сходить на выставку.
까쨔는 다음 주에 전시회에 가려고 해요.

Вы собираетесь пойти на вечеринку?
파티에 가시려고요?

Семья долго собиралась переехать в новую квартиру, но в итоге не переехала.
가족은 새 아파트로 오랫동안 이사 가려고 했지만 결국에는 이사 가지 못했어요.

Когда ты собираешься ему об этом сказать?
그에게 이것에 관해 언제 이야기하려고 해?

Я не собираюсь этого делать!
내가 이걸 왜 해?[직역: 난 이것을 하지 않을 거야!]

새 단어

Поступать 입학하다
Вечеринка 파티
В итоге 결국에, 마침내

 러시안 노트

Собираться는 계획을 세우고 계획대로 하려고 하다'의 뜻을 가진 표현입니다. 이 점은 단순한 바람을 나타내는 Хотеть(~하고 싶다)와는 차이가 있죠. 아래 두 문장을 비교해 볼까요?

예 Я хочу изучать японский язык. 나는 일본어를 배우고 싶어.
이 문장의 뜻은 일본어가 마음에 들었고 배울 기회가 되면 즐겁게 배울 것 같다, 또는 그러한 마음 있다는 의미를 전달해주는 표현입니다.

예 Я собираюсь изучать японский язык. 난 일본어를 배우려고 해.
반면 이 문장은 이미 언제, 어디서 등등 일본어를 배우기 위한 세부 계획이 모두 정해져 있고 그 계획을 알려주는 것뿐임을 의미하는 표현입니다.

103 Обязательно позвони родителям!
부모님한테 꼭 전화해!

마지막으로 남은 격조사, 명사의 복수 여격을 살펴볼까요?

A : **Кому ты сказал, что идёшь в клуб?**

클럽에 간다고 누구에게 이야기했어?

B : **Только друзьям.**

친구들에게만 했지.

A : **Обязательно позвони родителям тоже!**

부모님한테도 꼭 전화해!

B : **Хорошо, только сначала давай найдем тихое место.**

그래. 근데 먼저 조용한 장소를 찾아보자.

새 단어

Клуб 클럽
Сначала 우선, 먼저
Тихий 조용하다
Место 장소

명사 복수 여격

	남성형	여성형	중성형
복수 어미	-ы → -ам -и → -ям Столы → Столам Словари → Словарям Музеи → Музеям	-ы, -и → - ам -ии → -ям Школы → Школам Ночи → Ночам Станции → Станциям	-а → -ам -я → -ям Окна → Окнам Моря → Морям

* 지난 98과에서 배운 명사 복수 조격 조사가 복수 여격 조사와 비슷해 보일 수 있습니다. 복수 조격은 -ами/-ями로 복수 여격인 -ам/-ям과 아주 비슷하면서도 형태가 다르니 이 점을 헷갈리지 않도록 주의합시다.

패턴 콱!

Я рассказал родителям о своём путешествии в Россию.

나는 내 러시아 여행에 대해 부모님에게 이야기를 했어.

Лена не верит врачам.

레나는 의사들을 안 믿어요.

Все мужчины в России дарят девушкам цветы на восьмое марта.

모든 러시아 남성들은 3월 8일에 여성들에게 꽃을 선물해줍니다.

Я часто звоню своим преподавателям из школы.

나는 우리 학교 선생님들에게 자주 전화를 해.

Учитель долго объяснял студентам правила грамматики русского языка.

선생님은 러시아어 문법 규칙을 오래 설명했어.

Детям сложно сказать нет.

아이들에게 거절하는 건 어려운 일이야.

Президент выступил с обращением к гражданам страны.

대통령은 국민들에게 공식 성명을 발표했다.

Ты смотрел фильм «Москва слезам не верит»?

너 혹시 '모스크바는 눈물을 믿지 않는다' 영화를 봤니?

새 단어

Одногруппник
같은 반 친구

Грамматика 문법

Правило 규칙, 규범

Сложный 어렵다, 복잡하다

Президент 대통령

Гражданин 국민, 시민

Обращение 연설, 성명

Выступить
나서다, 발표하다

Слёзы 눈물

러시안 노트

다시 한번 강조하고 싶은 내용은 명사 단수/복수의 사용 규칙입니다. 위의 예문에서 봤듯이 복수 여격으로 변형된 명사는 하나가 아닌 전체(카테고리/그룹)를 의미합니다. 즉, 대통령은 특정 한 사람이 아니라 모든 국민 앞에서 연설을 발표한 것입니다. 또 특정 아이 한 명이 아니라 모든 아이에게 거절하는 것이 어려운 것입니다. 레나도 특정 의사 한 명이 아니라 의사라는 직업을 가진 모든 사람을 믿지 않는 것입니다. 이 경우 반드시 명사 복수형을 사용해야 합니다.

104 Я завтра хочу сходить в кино!

난 내일 영화 보러 갔다 오려고!

러시아어의 동작 동사 Идти와 Сходить 사용에 관해 더 자세하게 알아볼까요?

A : **Что ты делаешь завтра?**

내일은 뭐해?

B : **Завтра я хочу сходить в кино! Ты со мной?**

난 내일 영화 보러 갔다 오려고! 같이 갈래?

A : **Нет, я не могу. Я завтра иду на выставку.**

난 안 될 것 같아. 내일 전시회 보러 가거든.

B : **Жалко! Ну, тогда в следующий раз.**

아쉽다. 그럼, 다음 기회에!

새 단어

Выставка 전시회
Следующий раз 다음 번
Классическая музыка
클래식 음악

Идти와 Сходить 동사의 사용

둘 다 완료형으로 비슷한 의미이지만, 한 가지 차이점을 익히면 쉽게 사용할 수 있습니다.

Идти는 편도 행위를 말합니다. 이미 계획된 것을 그대로 진행할 때, 뚜렷한 목적지로 향하는 행위를 표현할 때 쓰이죠. 이미 결정된 계획에 관해 이야기할 때 많이 사용하는 동사입니다.

예 **Сегодня вечером я иду на концерт классической музыки.**

오늘 저녁에는 클래식 음악회에 간다.

반면 Сходить는 왕복 행위를 말합니다. 계획성이 덜하고, '한 번 갔다 올까' 하는 의미에 가깝습니다. 결정을 고민 중이거나 갔다가 원위치(보통 집)로 돌아온다는 의미로 쓰입니다. 그래서 Хотеть, Собираться, Думать 등과 같은 동사와 자주 결합하기도 하죠.

예 **Завтра у меня много времени. Думаю сходить в парк.**

난 내일 한가해. 공원 산책이나 갔다 올까 고민 중이야.

패턴 꽉! -

Я купил билет и завтра иду на балет.

난 표를 샀으니 내일 발레 보러 갈 거야.

У меня болит зуб. Завтра схожу в больницу.

이가 아프네. 내일 병원 갔다 와야겠다.

Во сколько ты идёшь на йогу?

넌 요가 하러 몇 시에 가?

Давай завтра сходим на Ханган? Я хочу фотографировать.

내일 한강에 갔다 올까? 난 사진 찍고 싶어서.

Я сейчас иду на Ханган.

나는 지금 한강으로 가고 있어요.

Не хочешь сходить в Эрмитаж в воскресенье?

일요일에 에르미타주에 갔다 올까?

Наш класс в пятницу идёт на мюзикл.

우리 반은 금요일에 뮤지컬 보러 가요.

Сходи за хлебом!

빵 사 와! [직역: 빵을 사러 갔다 와!]

새 단어

Балет 발레
Йога 요가
Ханган 한강
Эрмитаж 에르미타주
Класс 반(학급)

러시안 노트

두 동사의 차이는 미묘합니다. 러시아어에는 말하는 사람의 의도와 전달하고자 하는 뉘앙스에 따라 동사 선택이 중요해집니다. 아래 두 문장을 비교해 볼까요?

예 Я иду на Ханган завтра вечером. 나는 내일 저녁에 한강으로 간다.

이 문장의 중요한 포인트는 확실성과 계획성입니다. 내가 한강에 가겠다는 계획을 세웠고 어떤 일이 생기든 그 계획을 수행하겠다는 뉘앙스가 무엇보다도 강합니다.

예 Я схожу на Ханган завтра вечером. 나는 내일 저녁에 한강에 갔다 올게.

이 문장의 중요한 포인트는 불확실성과 뚜렷한 목적 없음입니다. 한강으로 가기로 한 것은 결정된 게 아니고 취소될 수도 있으며, 특별한 목적도 없이 갈까 말까 고민하다가 아무래도 갈 것 같다는 모호한 상황을 상대에게 전달하는 뉘앙스가 강합니다.

105 Жить в столице веселее, чем в провинции!
지방에 사는 것보다 수도에 사는 게 더 즐겁지!

러시아어 형용사의 비교급을 배워볼까요?

A : Где ты хочешь жить в старости, в столице или в провинции?

넌 은퇴 후 수도에 살고 싶어, 지방에 살고 싶어?

B : Конечно, только в Москве!

당연히 모스크바에 살고 싶지!

A : Но почему? Москва – очень большой и шумный город!

왜? 모스크바는 크고 아주 시끄러운 곳이잖아.

B : Жить в столице веселее, чем в провинции!

지방에 사는 것보다 수도에 사는 게 더 즐겁지!

새 단어

Столица 수도
Провинция 지방, 시골
Шумный
시끄럽다, 시끌벅적하다

문법 더하기

형용사의 비교급

비교급은 한 대상이 다른 대상보다 더욱 어떠하다는 의미를 전달할 때 쓰는 문법입니다. 러시아어에서는 간단하게 어미 하나만 바꾸면 비교급을 만들 수 있습니다.

형용사 [-ый, -ой, -ий] 어미 빼고 -ee 어미를 붙임

Весёлый(즐겁다) → Веселее(보다 더 즐거운)

Красивый(아름답다) → Красивее(보다 더 아름다운)

Древний(오래된) → Древнее(보다 더 오래된)

* 비교급 변형은 서술 형용사만 가능합니다! 러시아어 명사형 형용사는 사물/사람의 성격을 나타내지 않기에 비교급은 의미가 성립되지 않습니다. 예를 들어, Корейский(한국적인, 한국스러운)는 Корея(한국) 명사에서 만들어졌기 때문에 '보다 더 한국적인'이라는 표현은 사용할 수 없습니다.

패턴 꽉!

Российские комедии смешнее, чем американские.
러시아 코미디 영화는 미국 코미디 영화보다 더 웃겨.

Москва больше Сеула.
모스크바는 서울보다 더 커.

Египетская цивилизация древнее европейской.
이십트 문명은 유럽 분명보다 더 오래 됐어.

Парк «Зарядье» в Москве красивее, чем
Филёвский парк.
모스크바 '자랴디예' 공원은 필료프스끼 공원보다 더 예뻐요.

Максим выше Саши.
막심은 사샤보다 키가 더 커.

Русский язык труднее английского.
러시아어는 영어보다 더 어려워.

Я живу ближе к станции метро, чем Лена.
나는 레나보다 지하철역에 더 가까이 살아.

Лучше поздно, чем никогда!
늦더라도 안 하는 것보다 낫다.

새 단어

Египет 이집트
Европа 유럽
Цивилизация 문명
Трудный 어렵다, 힘들다
Близкий 가깝다

러시안 노트

예외적으로 변화하는 형용사 비교급 형태들이 있습니다. 암기하면 됩니다.

Хороший (좋다)	→	Лучше (더 좋은)
Плохой (나쁘다)	→	Хуже (더 나쁜)
Высокий (높다)	→	Выше (더 높은)
Низкий (낮다)	→	Ниже (더 낮은)
Большой (크다)	→	Больше (더 큰)
Маленький (작다)	→	Меньше (더 작은)
Старший (나이 많다)	→	Старше (나이 더 많은)
Младший (어리다)	→	Младше (더 어린)

106 Я искал эту книгу целый год, но так и не нашёл.
난 이 책을 1년동안 찾고 있었는데 결국 못 찾았어.

헷갈릴 수 있는 두 동사 Искать와 Найти의 차이에 관해 알아볼까요?

A: **Смотри, что я недавно купил!**

봐, 내가 얼마 전에 산 거야!

B: **Ого! Где ты достал эту книгу?**

오! 이 책을 어떻게 구했어?

A: **Случайно увидел в книжном магазине.**

우연히 서점에서 봤어.

B: **Я искал её целый год, но так и не нашёл!**

난 이 책을 1년동안 찾고 있었는데 결국 못 찾았어!

새 단어

Недавно 얼마 전에
Достать 구하다
Случайно 우연히
Книжный магазин 서점

Искать와 Найти 동사 사용

Искать는 불완료상 동사로 찾는 과정을 말합니다.

Я долго искал свои ключи. 키를 오래 찾고 있었어.

반면 Найти는 완료상 동사로 찾는 과정의 결과를 말합니다.

Я нашёл свои ключи в кармане пальто. 키를 외투 주머니에 찾았어.

* Найти의 과거형은 불규칙으로 변합니다.

남성형 주어	여성형 주어	중성형 주어	복수형 주어
Нашёл	Нашла	Нашло	Нашли

276

Как долго ты искала эти джинсы?

이 청바지 얼마나 찾고 있었어?

Наконец-то я нашёл ресторан со вкусной едой!

드디어 맛집을 찾았어!

Я целый месяц искал этот крем для лица.

난 이 얼굴 크림을 한 달이나 찾고 있었어.

Вы нашли место, где вы будете отмечать день рождения?

생일파티 하실 장소는 찾으셨나요?

Саша уже час ищет парковку.

사샤는 한 시간이나 주차 공간을 찾고 있어.

Лена так и не нашла билеты на самолёт.

레나는 결국 비행기표를 못 찾고 말았다.

Кто ищет, тот всегда найдёт!

뜻이 있는 곳은 길이 있다.

[직역: 찾고 있는 자는 항상 찾게 될 것이다.]

새 단어

Джинсы 청바지

Наконец-то 드디어

Крем 크림

Лицо 얼굴

Отмечать
기념하다, 축하하다

Парковка 주차장

러시안 노트

Целый + 기간 표현

Целый는 '전부', '내내'의 뜻을 갖고 있는 말입니다. 어떤 동작이 특정한 기간 내내 지속되었다고 말하고 싶으면 이 표현을 사용하면 됩니다.

Целый час	한 시간이나
Целый день	하루 종일
Целую неделю	일주일 내내
Целый месяц	한달 내내
Целый год	일년 내내

예 **Я целый час искал кафе.** 난 카페를 한시간이나 찾고 있었어.

Максим целую неделю сидел дома. 막심은 일주일 내내 계속 집에만 있었어.

Байкал – самое глубокое озеро в мире.
바이칼 호수는 전 세계에서 가장 깊은 호수야.

최상급 표현을 배워볼까요?

A : Я очень хочу поехать на Байкал.

난 바이칼 호수에 정말 가 보고 싶어.

B : Я там был, мне очень понравилось.

난 거기 가 봤어. 진짜 좋았어.

A : Байкал и правда очень глубокий?

바이칼 호수는 정말로 그렇게 깊어?

B : Байкал – самое глубокое озеро в мире!

바이칼은 전 세계에서 가장 깊은 호수야!

새 단어

Озеро 호수
Глубокий 깊다
Мир 세계, 세상
Нил 나일 강
Земля 지구
Река 강

문법 더하기

형용사 최상급

러시아어 형용사의 최상급은 '가장', '제일'이라는 뜻을 가진 **самый**를 사용합니다.

남성형 형용사	여성형 형용사	중성형 형용사	복수형 형용사
Самый	Самая	Самое	Самые

예 Москва – самый большой город в России.

모스크바는 러시아에서 가장 큰 도시입니다.

Башня «Лотте» – самое высокое здание в Южной Корее.

롯데월드타워는 한국에서 가장 높은 건물이야.

Нил – самая длинная река на Земле.

나일 강은 우리 지구에서 가장 긴 강입니다.

패턴 꽉! -

Россия – самая большая страна в мире.

러시아는 전 세계에서 가장 큰 나라입니다.

Саша – самый высокий в его классе.

사샤는 반에서 가장 키가 커.

Максим – мой самый близкий друг.

막심은 내 가장 친한 친구야.

Токио – самый крупный город в Японии.

도쿄는 일본에서 가장 큰 도시입니다.

Гепард – самое быстрое животное на планете.

치타는 우리 지구에서 가장 빠른 동물이야.

Самые богатые люди живут в Нью-Йорке.

돈이 가장 많은 사람들은 뉴욕에 살아.

Владивосток – самый близкий к Корее российский город.

블라디보스톡은 한국에 제일 가까운 러시아 도시다.

Деревня Оймякон – самое холодное место в России.

오이먀콘 마을은 러시아에서 가장 추운 지역이다.

새 단어

Токио 도쿄
Крупный 크다
Гепард 치타
Быстрый 빠르다
Животное 동물
Планета 행성
Нью-Йорк 뉴욕
Деревня 마을, 시골
Место 장소

러시안 노트

문장 안에 주어와 서술어가 둘 다 명사일 경우에는 둘 사이에 하이픈 기호를 넣어야 합니다.

예 Россия – самая большая страна в мире. 러시아는 전 세계에서 가장 큰 나라입니다.

문장의 주어는 Россия(러시아), 서술어는 страна(나라)이므로 가운데 하이픈 기호가 있습니다.

Руки можно вымыть в ванной, рядом с кухней.
손은 주방 옆에 있는 욕실에서 씻으면 돼.

장소의 의미를 나타내는 전치사를 정리해 볼까요?

A : **Где у тебя мусорное ведро?**

쓰레기통은 어디 있어?

B : **На кухне, под раковиной.**

주방에 있어, 싱크대 바로 밑에.

A : **А где можно руки вымыть?**

손을 어디서 씻을 수 있어?

B : **Руки можно вымыть в ванной, рядом с кухней.**

손은 주방 옆에 있는 욕실에서 씻으면 돼.

새 단어

Мусор 쓰레기

Мусорное ведро
쓰레기통

Кухня 주방

Раковина 싱크대

Вымыть 씻다

Ванная 욕실

Этаж 층

Вход 입구

문법 더하기

장소 전치사

Под + 명사 조격: ~아래에, ~밑에

예 Парковка находится под зданием. 주차장은 건물 밑에 있어.

Над + 명사 조격: ~위에

예 Лена живёт на втором этаже над магазином. 레나는 가게 위 2층에 살고 있어.

Между + 명사 조격 + и + 명사 조격: ~가운데, ~중간에

예 Вход в метро находится между аптекой и банком.
지하철 입구는 약국과 은행 가운데 있어.

패턴 꽉! -

Я нашёл свою сумку под кроватью.

난 내 가방을 침대 밑에서 찾았어.

Мой брат живёт рядом с полицейским участком.

우리 형은 경찰서 옆에 살고 있어.

Самолёт летит над Тихим океаном.

비행기는 태평양 위를 날아가고 있어.

Сим-карту можно купить в магазине сотовой

связи между кафе и аптекой.

유심카드는 카페와 약국 가운데에 있는 통신사 대리점에서 살 수

있어.

Памятник стоит в парке.

동상은 공원에 세워져 있어.

Машина стоит на стоянке.

차는 주차장에 있어.

За озером начинается лес.

호수 뒤에는 숲이 시작돼.

Детский сад находится перед домом.

유치원은 우리 집 바로 앞에 있어.

새 단어

Аптека 약국

Полицейский участок

경찰서

Тихий океан 태평양

Сим-карта 유심카드

Магазин сотовой связи

통신사 대리점

Памятник 동상

Стоянка 주차장

Лес 숲

Детский сад 유치원

러시안 노트

장소를 나타내는 전치사를 몇 개 더 배워볼까요?

За + 명사 조격: ~뒤에

예 Лена стоит за дверью. 레나는 문 뒤에 서 있어.

Перед + 명사 조격: ~ 바로 앞에

예 Машина стоит перед зданием. 차는 건물 앞에 있어요.

Рядом с + 명사 조격: ~ 바로 옆에

예 Станция метро находится рядом с моим домом. 지하철역은 내 집 바로 옆에 있어.

109 С днём рождения!

생일 축하해!

생일이나 명절, 기념일일 때 축하하는 방법에 관해 알아볼까요?

A : **С Новым годом!**

새해 복 많이 받아!

B : **Спасибо! Тебя тоже!**

고마워, 너도 새해 복 많이 받고!

A : **И с днём рождения!**

생일도 축하해!

B : **Как ты узнал, что у меня сегодня день рождения?**

내 생일이 오늘인 걸 어떻게 알았어?

새 단어

День рождения 생일
Узнать 알아내다, 알게 되다

문법 더하기

기념일 축하하기

상대방의 기념일(생일, 결혼 기념일, 명절 등)을 축하할 때는 기본적으로 **Поздравлять**(축하하다) 동사를 다음과 같이 사용합니다.

Поздравляю + 상대 (명사 대격) + с + 기념일 (명사 조격)

예 Поздравляю тебя с днём рождения! 생일 축하해!

Поздравляю вас со свадьбой!   결혼 축하드립니다!

구어체에서는 **Поздравлять** 동사가 자주 생략되고 С + 기념일 (명사 조격) 식으로 많이 쓰입니다.

예 С Новым годом! 새해 복 많이 받아!

С Рождеством! 크리스마스 축하해!

패턴 꽉!

Ты уже поздравил Свету с днём рождения?
스베타 생일을 벌써 축하했어?

Поздравляю вас с годовщиной свадьбы!
결혼 기념일 축하드립니다!

Поздравляю вас с юбилеем!
기념일 축하합니다!

Пусть сбудутся все мечты!
모든 꿈이 이루어지시기를 바랄게요!

Желаю счастья, здоровья и богатства!
행복하고 건강하고 돈도 많이 버시길 바랍니다!

Будь счастлив!
행복하길 바랄게!

С наступающими праздниками!
다가오는 명절 축하해!

Как будешь отмечать праздники?
명절 때 뭘 할 거야? / 명절을 어떻게 보낼 거야?

새 단어

Новый Год 새해
Рождество 크리스마스
Свадьба 결혼
Годовщина 기념일
Юбилей 주년, 기념일
Сбываться 이루어지다
Мечта 꿈
Счастье 행복
Здоровье 건강
Богатство 부, 재산
Наступающий 다가오는
Праздник 명절, 공휴일
Отмечать (명절을) 보내다
Желание 바람, 희망, 소망

러시안 노트

상대를 축하할 때 '~하길 바란다'는 식으로 말하죠? 러시아어로는 여러 표현 방법이 있습니다.

Пусть + 동사

예 Пусть всё будет хорошо! 모든 게 잘 되길!

Пусть сбываются все желания! 모든 꿈이 이루어지길!

Желаю + 명사 / 동사

예 Желаю счастья и здоровья! 행복하고 건강하길 바랄게요!

Желаю быстрее закончить университет! 졸업을 빨리 하길!

110 Я смотрю, но не вижу.
보고 있는데 안 보여!

Смотреть와 Видеть 동사를 자세히 알아볼까요?

A : **Ты видишь Лену?**
레나가 보여?

B : **Нет, не вижу!**
아니, 안 보여!

A : **Внимательнее смотри!**
잘 보라고!

B : **Я смотрю, но не вижу!**
보고 있는데 안 보여!

새 단어

Внимательно 신중히, 잘
Зрение 시력
Далеко 멀리
Новости 뉴스

문법 더하기

Смотреть와 Видеть 차이

Видеть는 물리적/육체적 가능성으로, 의도와 상관없이 본다는 뜻을 가지고 있습니다. 쉽게 말해 눈이 있고 그 눈을 통해서 주변이 보인다는 거죠. 한국어로는 '보이다'가 정확한 번역이 될 겁니다.

예) **У меня плохое зрение, поэтому я не вижу далеко.**
난 눈이 안 좋아서 멀리 있는 것들이 안 보여.

반면 Смотреть는 의도적으로 무언가를 본다는 의미를 가집니다. 쉽게 말해 뉴스, 영화, 드라마 등을 볼 때 눈이 있어서 본다기보다 그것을 보고 싶어서 의도적인 행동을 취합니다. 즉 집중해서 의도적으로 하는 행동, 그것이 바로 **Смотреть**입니다.

Каждый вечер я смотрю новости. 난 뉴스를 매일 저녁에 봐.

Видеть – 보이다   Смотреть – 보다

284

패턴 꽉! -

Ты смотрел «Игру в кальмара»?
너 '오징어 게임'을 봤어?

Здесь очень темно, я ничего не вижу!
여기선 너무 어두워. 하나도 안 보여!

Я смотрю этот сериал каждый четверг.
난 매주 목요일에 이 드라마를 봐

Вы видите то высокое здание?
저 높은 건물이 보이시죠?

Мы всегда смотрим русские фильмы на занятиях.
우리는 수업 때 항상 러시아 영화를 보고 있어요

Я плохо вижу, поэтому ношу очки.
난 시력이 안 좋아서 안경을 쓰고 있어

Лена любит смотреть комедии.
레나는 코미디 보는 걸 좋아해

Я не хочу его видеть!
그 사람을 보고 싶지도 않아!

Тёмный 어둡다
Сериал 드라마, 연속극
Носить 입다, 끼다, 차다
Очки 안경
Звук 소리

러시안 노트

Слышать**(들리다)와** Слушать**(듣다)**

Слышать는 귀가 있어서 소리가 들리는 겁니다. 한국어의 '들리다'에 가깝죠.

예 Я слышу звук воды. 물소리가 늘려.

반면 Слушать는 의도적으로 듣는 행동을 취하는 것입니다. '듣다'로 번역 가능하고 맥락에 따라 '귀를 기울이고 듣다'가 될 수도 있습니다.

예 Я слушаю лекции этого профессора. 난 이 교수님의 수업을 듣고 있어.

Q1 Идти 혹은 Сходить 동사 중 알맞은 것을 골라 문장을 완성해 보세요.

· Мне скучно. Я хочу (Идти / Сходить) в музей или на выставку.
  난 심심해. 박물관이나 전시회 갈까 생각 중이야.

· Завтра я (Идти / Сходить) в больницу к врачу.
  내일은 제가 진료 보러 병원에 갑니다.

· Не хочешь (Идти / Сходить) в кинотеатр?
  영화나 보러 갈까?

· На следующей неделе я собираюсь (Идти / Сходить) в банк сделать
  кредитную карточку.
  다음 주에는 신용카드를 만들기 위해 은행에 갔다 오려고 해.

· Я сейчас (Идти / Сходить) в банк. Не хочешь со мной?
  난 지금 은행에 가는 길이야. 나랑 같이 갈래?

Q2 다음 단어들의 스펠링을 정확하게 써 보세요.

О__ки

Б__гатс__во

Рак__в__на

Д__ре__ня

Пр__з__дент

П__ат__орма

Q3 형용사 비교급 또는 최상급을 사용해서 문장을 완성해 보세요.

· Лена говорит по-корейски (хорошо) чем Света.
  레나는 스베타보다 한국말을 더 잘해.

· Чечжудо – (большой) остров в Корее.
  제주도는 한국에서 가장 큰 섬이다.

· Моя мама готовит (вкусный) чем в ресторане.
  우리 엄마는 레스토랑보다 더 맛있게 요리를 하십니다.

· Эверест – (высокий) гора в мире.
  에베레스트는 전 세계에서 가장 높은 산입니다.

· Максим (старший) своего брата на два года.
  막심은 자기 동생보다 두 살 더 많아.

Q4 다음 본문을 읽고 빈칸에 알맞은 전치사를 넣어 보세요.

Я живу _____ большом доме _____ красивым парком. _____ моим

домом есть магазин, а _____ домом – большая парковка для машин.

_____ домом начинается лес, я часто хожу туда и отдыхаю. _____ парке

много деревьев, поэтому там всегда много людей. Если мне нужны деньги, я

иду _____ банк. Он находится _____ парком и больницей.

나는 예쁜 공원 옆에 있는 큰 집에 살고 있다. 내 집 앞
에는 마트가 있고 건물 지하에는 큰 주차장이 있다. 집
뒤에는 숲이 있는데 난 자주 그곳에 가서 휴식을 취한
다. 공원에는 나무가 아주 많아서 항상 사람들이 많다.
나는 돈이 필요하면 은행에 간다. 은행은 공원과 병원
사이에 있다.

Q1 Мне скучно. Я хочу <u>сходить</u> в музей или на выставку.

Завтра я <u>иду</u> в больницу к врачу.

Не хочешь <u>сходить</u> в кинотеатр?

На следующей неделе я собираюсь <u>сходить</u> в банк сделать кредитную карточку.

Я сейчас <u>иду</u> в банк. Не хочешь со мной?

Q2 О<u>ч</u>ки, Б<u>о</u>гатс<u>тв</u>о, Рак<u>о</u>вина, Дере<u>в</u>ня, Пре<u>зи</u>дент, Пл<u>а</u>т<u>фо</u>рма

Q3 Лена говорит по-корейски <u>лучше</u> чем Света.

Чечжудо – <u>самый</u> большой остров в Корее.

Моя мама готовит <u>вкуснее</u> чем в ресторане.

Эверест – <u>самая</u> высокая гора в мире.

Максим <u>старше</u> своего брата на два года.

Q4 Я живу <u>в</u> большом доме <u>рядом с</u> красивым парком. <u>Перед</u> моим домом есть магазин, а <u>под</u> домом – большая парковка для машин. <u>За</u> домом начинается лес, я часто хожу туда и отдыхаю. В парке много деревьев, поэтому там всегда много людей. Если мне нужны деньги, я иду <u>в</u> банк. Он находится <u>между</u> парком и больницей.

MEMO

111 Я где-то забыл свои наушники!

난 내 이어폰을 어디선가 잃어버렸어!

불확실함을 나타내는 조사 то에 대해 알아볼까요?

A : Почему ты такой расстроенный?

기분이 왜 이렇게 다운돼 있어?

B : Я где-то забыл свои наушники!

내 이어폰을 어디선가 잃어버렸어!

A : Может, ты их забыл дома?

집에서 두고 나온 건 아냐?

B : Точно! Кажется, они дома!

맞다! 집에 있는 것 같아!

새 단어

Расстроенный
(기분이) 좋지 않다, 슬퍼 보이다
Наушники 이어폰
Забыть 잊다, 두고 나가다
Точно! 맞다! 맞네!

문법 더하기

불확실함 조사 то

Кто(누구), Где(어디), Как(어떻게) 등의 의문사에 조사 то를 붙이면 불확실함을 나타내는 부사를 만들 수 있습니다. то를 붙일 때 작은 하이픈(−) 기호를 꼭 넣어야 합니다.

Кто 누구	→	Кто-то 누군가
Что 무엇	→	Что-то 무엇인가
Где 어디	→	Где-то 어딘가
Как 어떻게	→	Как-то 어떻게든
Когда 언제	→	Когда-то 언젠가
Почему 왜	→	Почему-то 왠지

예 **Я что-то съел и у меня болит живот.** 난 뭔가를 먹어서 이제는 배 아파.

패턴 꽉! -

Кто-то не закрыл дверь!
누군가가 문을 안 닫고 나갔네!

Он что-то выпил и сразу потерял сознание.
그는 뭔가를 마시고 바로 의식을 잃었어.

Я где-то слышал, что в апельсинах много витамина C.
오렌지에 비타민C가 많다고 어딘가에서 들었던 것 같아.

Наконец, я как-то смог найти нужный мне ключ.
마침내 나에게 필요한 열쇠를 찾을 수 있었어.

Я когда-то был в этом районе города, но не
помню, когда именно.
이 동네에 언젠가 온 적이 있긴 한 것 같은데 정확하게 언제인지
기억이 안 나네.

Я почему-то думал, что ты уже был в России.
어째서인지 나는 네가 이미 러시아에 와 본 적 있다고 생각하고
있었네.

Лена куда-то поехала, но я не знаю куда.
레나는 어디론가 떠났는데 어디로 갔는지 잘 몰라.

Ты что-то сказал?
너 무슨 말을 했어?

새 단어

Сознание 의식
Потерять 잃다
Апельсин 오렌지
Витамин C 비타민 C
Район 동네, 구역
Именно 정확히, 정확하게

조사 **то**가 붙으면 문장 내에서 강조되는 부분이 달라질 수 있습니다.

어디 가? Куда ты идёшь?

어디 가? Ты куда-то идёшь?

너 무슨 말을 했어? Что ты сказал?

너 무슨 말을 했어? Ты что-то сказал?

112 Тебе надо пройти мимо банка и через парк.
은행을 지나 공원을 통해서 가야 해.

방향 전치사를 배워볼까요?

A : Где находится рынок?

시장은 어디에 있어?

B : Иди к вокзалу и увидишь его рядом.

기차역 쪽으로 가면 옆에 보일 거야.

A : А как дойти до вокзала?

기차역까지는 어떻게 가면 돼?

B : Тебе надо пройти мимо банка и
через парк.

은행을 지나 공원을 통해 가야 해.

새 단어

Рынок 시장
Дойти 도달하다
Пройти 지나가다

방향 전치사

К + 명사 여격: ~쪽으로, ~ 방향으로

예 Когда Максим шёл к станции метро, он встретил Лену.

막심은 지하철역 쪽으로 걸어갔을 때 레나를 만났어.

От + 명사 생격 + До + 명사 생격: ~에서/~부터 + ~까지

예 От моего дома до университета десять минут пешком.

우리 집에서 대학교까지 걸어서 10분이야.

Мимо + 명사 생격: ~을 지나서

예 Каждый день я хожу мимо больницы.

난 매일 병원을 지나가고 있어.

패턴 꽉!

Иди к тому зданию и увидишь аптеку.
저 건물 쪽으로 가면 약국이 보일 거야.

От почты до магазина очень далеко.
우체국에서 마트까지 좀 멀어.

Из Владивостока до Сеула на самолёте два часа.
블라디보스톡에서 서울까지 비행기로 2시간이야.

Максим прошёл мимо Лены и не поздоровался.
막심은 레나에게 인사도 안 하고 지나갔어.

Как ты прошёл через парк? Там же идёт стройка.
공원을 어떻게 통과했어? 그쪽은 공사 중이잖아.

Через сто метров будет перекрёсток.
100미터 후에 사거리가 있어요.

Каждый год мы ездим на море и в горы.
우리는 매년 바닷가랑 산에 갑니다.

На чём ты едешь завтра на вечеринку?
내일 파티에 갈 때 뭐 타고 가?

새 단어

Почта 우체국
Поздороваться 인사하다
Стройка 공사
Метр 미터
Километр 킬로미터
Перекрёсток 사거리
Вечеринка 파티
Зона отдыха 휴게소

러시안 노트

Через + 명사 대격: ~통과하여, ~가로질러

Дорога шла через горы. 도로는 산을 통과했다.

Через километр будет зона отдыха. 1 킬로미터 뒤에 휴게소가 있습니다.

* Через + 명사 대격은 정확한 거리를 가리킬 때도 씁니다.

'어디에서', '어디에서부터'는 Из 또는 C를 쓰면 됩니다. 활용법은 다음과 같습니다.
방향을 말할 때 B에 해당되는 명사는 Из! 방향을 말할 때 Ha에 해당되는 명사는 C!

Я еду в Москву	→	Я еду из Москвы
난 모스크바에 간다		난 모스크바에서 온다
Я еду на море	→	Я еду с моря
난 바닷가에 간다		난 바닷가에서 온다

113 Это крем для лица.
이건 얼굴 크림이야.

'~무엇을 위한 무엇' 형식의 문법을 배워볼까요?

A : **Что это?**

이게 뭐야?

B : **Это крем для лица. Я его каждый день наношу.**

얼굴 크림이야. 매일 바르고 있지.

A : **А зачем тебе две баночки?**

근데 왜 두 통이나 있어?

B : **Один для лица, а второй для рук.**

하나는 얼굴용이고 하나는 핸드크림이지.

새 단어

Крем 크림

Лицо 얼굴

Наносить (피부에) 바르다

Баночка 작은 통

Рука 손

Еда 음식

Чехол 케이스

Смартфон 스마트폰

Для 목적 전치사

Для는 한국어의 '~를 위한 것', '~용'에 해당되는 조사입니다.

명사 주격 + **для** + 명사 생격

Крем для рук. 핸드크림

Еда для кота. 고양이 밥

Чехол для смартфона. 스마트폰 케이스

* Для는 대부분의 경우 한국어로는 번역되지 않지만, 러시아어에는 명사 간의 용도 관계를 나타내기 위해 꼭 필요한 전치사입니다. 엄밀히 따져 보면 핸드크림은 '손을 위한 크림'이고, 고양이 밥은 '고양이용 식사'인 것처럼 러시아어에는 명사 간의 관계를 표시해야 합니다.

Это будет моя комната для занятий.
여기가 내 공부방일 거야.

Мне нравится твоя сумка для ноутбука.
너의 노트북 케이스는 참 마음에 들어.

Скачайте наше приложение для смартфона!
우리 스마트폰 앱을 다운 받으세요!

Ему нужен чек для отчёта.
그는 보고서를 위해 영수증이 필요해.

Это вилка для рыбы, а это – для мяса.
이 포크는 생선을 먹을 때 쓰는 거고 저 포크는 고기를 먹을 때 쓰는 거야.

Эти цветы для тебя!
너에게 주려고 준비한 꽃다발이야!

Для кого ты купил эти кроссовки?
이 운동화는 누구에게 주려고 샀어?

Мама подарила мне шампунь для сухих волос.
엄마는 나에게 건조한 모발 샴푸를 선물해 줬어.

새 단어

Ноутбук 노트북
Приложение 앱, 어플
Чек 영수증
Отчёт 보고서
Рыба 생선, 물고기
Мясо 고기
Кроссовки 운동화
Шампунь 샴푸
Волосы 머리카락
Сухой 건조하다

러시안 노트

Для는 한국말로는 잘 번역되지 않는 전치사입니다만, 러시아어에서는 두 명사 사이의 용도 관계를 나타내는 전치사이므로 생략할 수 없습니다.

Учебник для иностранцев. 외국인용 교재
*외국인 학습자를 위한 교재

Места для инвалидов. 장애인 좌석
*장애인들만이 앉을 수 있는 자리

Корзина для мусора. 쓰레기통
*쓰레기를 버릴 때 쓰는 바구니나 통

114

«Через сто метров поверните налево».

'100미터 이후 좌회전입니다'.

방향 부사와 장소 부사에 관해 배워볼까요?

A : Куда ты едешь?

어디로 가는 거야?

B : Навигатор показывает направо.

네비가 오른쪽으로 가리키고 있어.

C : «Через сто метров поверните налево».

'100미터 이후 좌회전입니다'.

A : Он же говорит налево!

왼쪽으로 가라고 하잖아!

새 단어

Навигатор 네비게이션
Направо 오른쪽으로
Налево 왼쪽으로
Показывать
보여주다, 가리키다
Повернуть 돌다, 회전하다

방향 부사 및 장소 부사

방향 부사는 방향을 가리킬 때 쓰는 말이고 장소 부사는 장소를 가리킬 때 쓰는 말입니다. 이 둘은 비슷하면서도 은근히 달라서 주의 깊게 배워야 합니다.

방향 부사		장소 부사	
Налево	왼쪽으로	Слева	왼쪽에
Направо	오른쪽으로	Справа	오른쪽에
Вперёд	직진	Впереди	앞에
Назад	후진	Сзади	뒤에
Вверх	위로	Вверху	위에
Вниз	아래로	Внизу	아래에

296

Я повернул налево и увидел банк.
난 왼쪽으로 돌았고 은행을 보았어.

Саша стоял справа от кафе.
사샤는 카페의 오른쪽에 서 있었어.

Парковка находится внизу на подземном этаже.
주차장은 아래 지하층에 있다.

Света шла вниз с горы.
스베타는 산에서 아래로 내려가고 있었다.

Иди прямо вперёд и увидишь парк.
직진하면 공원이 보일 거야.

Внимание! Впереди пешеходный переход!
주의! 앞에는 횡단보도 있음!

Багажник машины находится сзади.
자동차의 트렁크는 뒤에 있어요.

Я забыл телефон и вернулся назад домой.
난 핸드폰 두고 나와서 다시 집으로 돌아왔어.

새 단어

Подземный этаж 지하층

Внимание! 주의!

Пешеходный переход
횡단보도

Багажник (자동차)트렁크

방향 부사와 장소 부사의 가장 큰 차이점은 바로 그 부사가 꾸며주는 동사에 있습니다.

방향 부사는 항상 동작 동사와 결합합니다. Идти(가다), Ехать(타고 가다), Повернуть(돌다) 등이죠.

예 Машина повернула направо. 차는 오른쪽으로 돌았어.

장소 부사는 항상 일반 동사와 결합합니다. Находится(있다), Стоять(서 있다), Сидеть(앉아 있다) 등과 같은 동사들이죠.

예 Машина стояла слева от аптеки. 차는 약국의 왼쪽에 서 있었다.

115

Я вернулся, чтобы забрать телефон.
핸드폰 가져가려고 돌아왔어.

목적 종속문 접속사인 **чтобы**를 배워볼까요?

A : Почему ты вернулся домой?

너 왜 돌아왔어?

B : Я вернулся, чтобы забрать телефон.

핸드폰을 가져가려고 돌아왔지.

A : Зачем тебе телефон? Ты же идёшь в магазин рядом с домом!

핸드폰은 왜 필요해? 집 바로 옆에 있는 마트로 가는데?

B : Чтобы слушать музыку!

음악을 들으려고!

새 단어

Забрать 가져가다
Музыка 음악
Слушать 듣다

문법 더하기

Чтобы 접속사

앞서 두 명사를 연관 짓는 전치사 **Для**를 배웠습니다. 그러면 두 문장을 연결하려는 경우에는 어떻게 해야 할까요? 접속사 **Чтобы**를 쓰면 됩니다. '~하려고', '~하도록'의 의미를 갖습니다.

문장 1 + **чтобы** + 동사 기본형으로 쓰인 문장 2

예 Я пришёл, чтобы рассказать тебе всю правду.

난 모든 진실을 이야기하려고 지금 너에게 왔어.

예 Давай много учиться, чтобы хорошо говорить по-русски.

러시아말을 잘할 수 있도록 공부를 많이 하자.

패턴 꽉! -

Объясни мне так, чтобы я понял.
내가 이해할 수 있도록 설명해 봐.

Лена начала бизнес, чтобы заработать деньги.
레나는 돈을 벌려고 사업을 시작했어.

Я купил билет на самолёт, чтобы полететь в отпуск.
나는 휴가 가려고 비행기 티켓 샀어.

Максим приехал в Корею, чтобы выучить
корейский язык.
막심은 한국말을 배우려고 한국에 왔어요.

Мы встали рано утром, чтобы сесть на поезд.
우리는 기차 타려고 일찍 일어났어요.

Я позвонил маме, чтобы рассказать о новостях.
나는 소식을 이야기하려고 엄마에게 전화했어.

Я выключил телевизор, чтобы учиться.
공부하려고 TV를 껐어.

Вы пришли, чтобы открыть счёт в банке?
통장을 개설하러 오셨어요?

새 단어

Объяснять 설명하다

Бизнес 비즈니스, 사업

Заработать 벌다

Отпуск 휴가

Встать 일어나다

Выключить 끄다

Счёт 계좌, 은행 통장

Открыть
개설하다, 오픈하다

Блог 블로그, 채널

상대방의 의도를 물어볼 때 **Почему**나 **Зачем**을 쓴다는 것 기억하시죠? 구어체에서는 '왜'라는 질문에 답할 때 주 문장을 생략해도 충분히 대화를 만들 수 있습니다.

예 A: **Зачем** ты купил фотоаппарат? 카메라를 왜 샀어?

　 B: **Чтобы начать** свой блог. 블로그를 시작하려고.

Чтобы로 시작하는 문장이 주 문장인 경우 '~하려면'의 뜻을 포함한 표현을 만들 수 있습니다. 이때 역시 **Чтобы** 바로 뒤에 오는 동사는 기본형이어야 합니다.

예 **Чтобы** много зарабатывать, надо много работать!
　 돈을 많이 벌려면 일을 많이 해야 해!

116 Я работаю с понедельника по пятницу.
난 월요일부터 금요일까지 일해.

시간과 관련한 전치사를 배워볼까요?

A : **Давай поедем на пикник в пятницу?**
금요일에 소풍 갈까?

B : **Я работаю с понедельника по пятницу.**
난 월요일부터 금요일까지 일해.

A : **Хорошо! Тогда давай в субботу?**
그래, 그러면 토요일은?

B : **Я смогу только через неделю.**
난 일주일 후에만 갈 수 있어.

새 단어

Пикник 소풍, 피크닉
Работать 일하다

문법 더하기

시간 전치사

C + 명사 생격 + по + 명사 대격 : ~부터 ~까지

예 **Я буду в России с мая по сентябрь.** 난 5월부터 9월까지 러시아에 있을 거야.

Через + 명사 대격 : ~후에, ~만에

예 **Я поеду в Россию через два года.** 나는 2년 후에 러시아로 갈 거야.

После + 명사 생격 : ~후에, ~다음에

예 **После университета Лена всегда сразу идёт домой.**
레나는 대학교 수업 끝난 후 바로 집으로 간다.

До + 명사 생격 : ~ 까지, ~전에

예 **Я всегда пью воду до завтрака.** 나는 항상 아침을 먹기 전에 물을 마신다.

패턴 꽉! -

새 단어

Семестр в университете в Корее длится с марта по июнь.

한국 대학교에서 학기는 3월부터 6월까지 이어진다.

Семестр 학기

Длиться 지속하다

Чувствовать себя

хорошо 기분/컨디션이 좋다

Чувствовать себя плохо

몸이 불편하다, 아프다

Я приеду через два часа.

난 두 시간 후에 도착할 거야.

Максим всегда чувствует себя хорошо после сауны.

막심은 사우나에 갔다 온 후 항상 기분이 상쾌하다.

Я всегда хожу в спортзал до занятий.

나는 수업 전에 항상 헬스장 가.

По воскресеньям Лена всегда ходит в парк.

레나는 일요일마다 공원에 산책하러 가.

Фильм закончится через полтора часа.

영화는 한 시간 반 후에 끝날 거야.

Что ты делаешь вечером после работы?

퇴근 후 저녁에 뭐 해?

Мы работаем до обеда.

우리는 오전만 근무해.[직역: 우리는 점심까지만 근무해.]

러시안 노트

Через vs После

Через는 어떤 일은 일정 기간 이후에 이루어진다는 뜻을 가진 전치사입니다. **Я приеду через два часа**라는 문장에서 볼 수 있듯 두 시간이라는 기간이 지나야 도착하게 될 수 있는 것입니다.

После는 단순한 순서를 말할 때 씁니다. **Что ты делаешь вечером после работы?** 문장에서 처럼 두 가지 동작이 나열됩니다. 하나의 일을 마치고 난 후에 차례대로 다른 일이 생긴다는 뜻을 가진 전치사입니다.

117

Я хочу, чтобы ты посмотрел этот сериал.
난 네가 이 드라마를 봤으면 좋겠어.

바람을 나타내는 문법, '~했으면 좋겠다'에 해당되는 표현을 배워볼까요?

A : **Я хочу, чтобы ты посмотрел этот сериал.**

난 네가 이 드라마를 봤으면 좋겠어.

B : **Почему? Он же тебе не понравился?**

왜? 마음에 안 들어했잖아.

A : **А: Я хочу, чтобы ты сказал мне своё мнение.**

네 의견을 나에게 말해줬으면 좋겠어.

B : **В: Ладно. Посмотрю и скажу.**

그래, 알았어. 보고 말해줄게.

새 단어

Мнение 의견
Ладно 그래, 좋아

문법 더하기

'~했으면 좋겠다' 바람 표현

앞서 접속사 **Чтобы**를 배웠습니다. 이것이 주 문장에서 **Хотеть**(원하다) 동사와 결합할 경우 '~했으면 좋겠다'의 뜻을 가진 문장이 됩니다.

예 **Я хочу, чтобы быстрее пришло лето.** 여름이 빨리 왔으면 좋겠어.

부정적인 문장을 만들려면 동사 앞에 조사 **не**를 붙이면 됩니다.

예 **Я не хочу, чтобы ты помнил это.** 나는 네가 이걸 기억하지 않았으면 좋겠어.

Мама хочет, чтобы ты быстрее вернулся домой.
엄마는 네가 집으로 빨리 돌아왔으면 좋겠어.

Родители всегда хотят, чтобы их дети

зарабатывали много денег.
부모님은 항상 자식들이 돈을 많이 벌었으면 하는 마음이 있습니다.

Мы хотим, чтобы не было войны!
우리는 전쟁이 없었으면 좋겠습니다!

Учитель хочет, чтобы мы написали реферат ещё

раз.
선생님은 우리가 리포트를 다시 한번 작성하기를 원합니다.

Я не хочу, чтобы мои дети жили в бедности.
난 내 자식이 가난하게 살지 않았으면 좋겠어.

Ты хочешь, чтобы я молчал?
내가 말 안 했으면 좋겠어?

Я хочу, чтобы ты стал врачом.
난 네가 의사가 됐으면 좋겠어.

Вы хотите, чтобы мы лучше прожарили мясо?
고기를 조금 더 구워서 드릴까요?
[직역: 우리가 고기를 조금 더 잘 구워서 드렸으면 좋겠어요?]

새 단어

Зарабатывать 돈을 벌다
Война 전쟁
Реферат 리포트
Бедность 가난
Жить в бедности
가난하게 살다
Молчать
침묵하다, 말을 안 하다
Прожарить 잘 굽다

러시안 노트

여기서 중요한 점은 **чтобы** 대신에 **что**를 쓰지는 못한다는 것입니다. 지난 68과에서 접속사 **что**가 두 개의 평서문을 연결시킨다고 배웠습니다. 하지만 **Хотеть** 동사와 같은 경우에는 그 뒤에 이어지는 문장이 평서문이 아니기 때문에 **что**보다 **чтобы**를 쓰는 게 정확합니다.

118 Я не успел в магазин!
난 마트에 제시간에 못 들어가고 말았어!

동사 Успеть의 활용에 대해 알아봅시다.

A : **Почему ты не купил торт?**

너 케이크 왜 안 사 왔어?

B : **Я не успел в магазин! Он закрылся очень рано.**

마트에 제시간에 못 들어가고 말았어! 일찍 문 닫았거든.

A : **A: Тогда надо зайти туда с утра! Успеешь?**

그러면 내일 아침에 들러야겠네! 할 수 있겠어?

B : **B: Ладно, постараюсь!**

그래, 해봐야지!

새 단어

Торт 케이크

Закрыться 문 닫다

Зайти 들르다

Постараться
해 보다, 노력해 보다

Платформа 승강장

Успеть 동사 활용

Успеть 동사는 번역하기 어려운 말로, 풀어 말하자면 '의도했던 일을 제시간에 노력으로 간신히 해내다'입니다. 보통 마감이 임박한 상황에서 전력을 다해 일을 완료할 수 있는 상황일 때 자주 쓰입니다. 한국어에서 가장 가까운 의미는 '겨우, 간신히, 가까스로 하다'입니다.

Успеть + 완료상 동사 기본형

예 Я успел закончить мой реферат в воскресенье.

난 리포트를 일요일 안에 모두 쓰는 걸 성공했다.

Я успел сесть в поезд, когда он уже отходил от платформы.

기차가 이미 승강장을 떠나기 시작하는 순간에 뛰어서 겨우 탔다.

패턴 꽉!

Я вчера едва успел на самолёт!
난 어제 가까스로 비행기에 탔어!

Саша успел на последний автобус.
사샤는 막차를 간신히 탔어.

Ты успел подать документы?
너 제시간에 서류 제출에 성공했어?

Я не успел вчера купить хлеб, куплю сегодня.
어제는 빵을 못 샀어, 오늘 살게.

Если ты будешь так долго спать, то не успеешь на занятия в университет.
이렇게 오래 자면 대학교 수업을 놓칠 거야.

Мы успеем до восьми вечера?
우리 8시까지 다 할 수 있을까?

Лена не успела сдать экзамен в этом году, поэтому будет сдавать его в следующем.
레나는 올해 시험에 실패했으니 내년에 보기로 했다.

И как ты всё успеваешь?
넌 어떻게 모든 일을 잘 하냐?

새 단어

Едва 겨우, 가까스로

Последний автобус
막차

Документы 서류

Подать 지원하다, 신청하다

위 패턴연습에서 보듯이 **Успеть** 동사를 질문에 활용하면 상대에게 가능성 여부를 묻는 문장을 만들 수 있습니다.

예 Успеешь до завтра всё сделать? 내일까지 다 완료할 수 있겠어?

   Как думаешь, мы успеем на последний автобус?

   우린 막차를 탈 수 있을까? 어떻게 생각해?

구어체에서는 **Успеть** 동사 다음에 동작 동사가 오는 경우, 그 동작 동사가 생략될 수도 있습니다.

예 Я успел на поезд в 6:30. 6시 반 열차를 간신히 탔다.

119 Лена долго учила корейский, а Саша – нет.
레나는 한국말을 오래동안 배웠는데 사샤는 안 그랬어.

두 문장을 연결 어미로 쓸 수 있는 но와 a의 차이점에 대해 알아볼까요?

A : Кто говорит по-корейски лучше, Саша или Лена?

사샤와 레나 중에 한국말을 누가 더 잘해?

B : Конечно, Лена!

당연히 레나지!

A : А: Но Саша же долго жил в Корее!

하지만 사샤는 한국에 오래 살았잖아!

B : В: Лена долго учила корейский, а Саша – нет.

레나는 한국말을 오랫동안 배웠는데 사샤는 안 그랬잖아.

새 단어

Лучше 보다 더 좋게
Долго 오랫동안

문법 더하기

Но와 A 접속사로 문장 연결

두 문장을 연결해 주는 접속사 **Но**와 **A**를 헷갈릴 수 있습니다. 아래의 규칙을 암기하면 보다 더 쉽게 활용할 수 있습니다.

A + но + B : A 상황임에도 불구하고 B 상황이 일어났다는 뜻. 부정 관계를 말합니다.

예 Я встал рано, но всё равно опоздал в университет.
    나는 일찍 일어났지만 대학교 수업에 늦었어.

A + a + B : A 상황에 비해 B 상황은 이렇다는 뜻. 대조 관계를 말합니다.

예 Света хорошо говорит по-английски, а Максим - плохо.
    스베타는 영어를 잘하는데 막심은 잘 하지 못해.

패턴 꽉!

Я позвонил другу, но он не взял трубку.

나는 친구에게 전화를 걸었지만 친구는 전화를 받지 않았어.

В этом году я ездил в Корею, а в следующем поеду в Японию.

올해는 내가 한국에 갔다 왔는데 내년에는 일본에 갔다 올 거야.

Лена долго учила испанский, но так и не смогла сдать экзамен.

레나는 스페인어를 오래 배웠지만 결국엔 시험에 합격을 못 했습니다.

Лена учит испанский, а Света - французский.

레나는 스페인어를 배우고 있고 스베타는 프랑스어를 배우고 있습니다.

Мы подали все документы, но нам всё равно отказали в визе.

우리는 서류를 모두 제출했는데 비자 발급을 거부당했어요.

Я получил визу в Канаду, а Саша – нет.

나는 캐나다 비자를 받았는데 사샤는 거부당했어요.

Почему ты его поздравил, а меня – нет?

왜 걔는 축하하고 나는 축하해주지 않았어?

새 단어

Взять трубку 전화를 받다

Подать
지원하다, 서류를 제출하다

Виза 비자, 사증

Отказать
거부하다, 거절하다

Получить 받다

러시안 노트

Всё равно: 그래도, 그럼에도 불구하고

Но 다음에 자주 나타나는 부사로 부정의 의미를 더해주는 역할을 하고 있습니다. '어떤 행동을 취했음에도 불구하고 예상 외로 결과가 안 좋았다'라는 뜻을 강조해주는 부사입니다.

예 Я выпил две таблетки, но голова всё равно болела.
약을 두 알이나 먹었지만 두통이 지속됐다.

Мы встали в пять часов утра, но всё равно опоздали на самолёт.
우리는 새벽 5시에 일어났지만 비행기를 놓치고 말았습니다.

120 Мне не хватает двадцати рублей.
나는 20 루블 부족해.

마지막으로는 자주 쓰는 Хватать 동사 활용에 관해 알아볼까요?

A : Сколько стоит билет на поезд?

기차표는 얼마예요?

B : Билет стоит 100 рублей.

표는 100 루블입니다.

A : Мне не хватает двадцати рублей!

난 20 루블 부족해!

C : Мне тоже не хватает.

나도 부족해.

새 단어

Билет 표, 티켓
Поезд 기차, 열차
Стоить 값을 가지다
Рубль 루블(러시아 화폐)

문법 더하기

Хватать 동사 활용

Хватать는 '넉넉하다', '충분하다'의 뜻을 갖고 있는 동사입니다. 이 동사는 정말 다양하게 사용되기 때문에 중요합니다. 기본적인 공식은 다음과 같습니다.

대명사 여격 + хватать + 명사 생격 and / or на + 명사 대격

Мне хватает денег на жизнь. 난 돈을 잘 벌어 [직역: 난 생계를 위해 돈을 충분히 벌고 있어]

또한 Хватать 동사는 금지 명령문(~하지 마! 그만!)을 만들 때도 사용됩니다.

Хватит + 불완료상 동사

Хватит спать! 그만 자!   Хватит есть! 그만 먹어!

패턴 꽉! -

Тебе хватает на жизнь?

이 돈으로 생계가 돼?

Мне очень не хватает родителей.

난 부모님을 아주 많이 그리워하고 있어.

Максиму не хватает опыта.

막심은 경험이 부족해.

Мне никогда не хватает времени, чтобы выучить

русский язык.

내겐 러시아어를 배우기 위한 시간이 항상 부족해.

Вам ещё чаю или хватит?

차 더 드릴까요? 아니면 그만할까요?

Нам хватит четыре яблока или купим больше?

우리 사과 4개로 충분할까? 아니면 더 살까?

Хватит шуметь!

너무 시끄러워! [직역: 시끄럽게 하는 건 그만!]

Хватит врать!

거짓말 그만해!

새 단어

Жизнь 인생, 삶

Опыт 경험

Чай (마시는) 차

Яблоко 사과

Врать 거짓말하다

Хватать 동사 다음에 사람이 오면 '그립다', '보고 싶다'의 뜻이 됩니다.

예 Мне не хватает моей бабушки. 우리 할머니가 너무 그리워요.

Лене не хватает её семьи. 레나는 자기 가족을 엄청 그리워하고 있어.

Q1 다음 빈칸에 알맞은 단어를 넣어 문장을 완성해 보세요.

Когда Саша возвращался _____ Москвы _____ Сеул _____ самолёте он случайно встретил Лену. Она сидела _____ от него _____ окна. Они не видели друг друга десять лет. Саша предложил Лене встретиться и поговорить _____ кафе, _____ Лена сказала, что она работает и очень занята. Она предложила встретиться _____ неделю, и Саша согласился. Когда он вернулся домой, то понял, _____ забыл взять _____ Лены номер её телефона. Он хотел позвонить в аэропорт, _____ найти её, но _____ аэропорту сказали, что не дают такую информацию. Саша искал Лену _____ месяц, но так и не смог _____ .

사샤는 모스크바에서 서울로 다시 돌아왔을 때 비행기 안에서 우연히 레나를 만났다. 그녀는 사샤 오른쪽 창가에 앉아 있었다. 그들은 서로 10년 동안 보지 못했다. 사샤는 카페에서 이야기를 나누자고 했는데 레나는 일 때문에 너무 바쁘다고 했고 일주일 후에 다시 만나자고 했다. 사샤는 동의했다. 집에 돌아왔을 때 레나의 핸드폰 번호를 묻지 않았다는 것을 깨달았다. 그녀를 찾기 위해서 공항에 전화를 걸었지만 공항에서는 개인정보를 알려주지 않는다고 이야기했다. 사샤는 레나를 한 달 내내 찾으려 했지만, 결국엔 못 찾고 말았다.

Q2 빈칸에 접속사 'A'나 'Но' 중에 알맞은 것을 골라 문장을 완성해 보세요.

· Саша живёт в городе, _____ его родители живут в деревне.
사샤는 도시에 사는데 사샤의 부모님은 지방에 산다.

· Я долго учил английский язык, _____ так и не смог сдать экзамен.
나는 영어를 오래 배웠지만 시험에 합격을 못 했어.

· Лена хорошо знает испанский язык, _____ не хочет говорить по-испански.
레나는 스페인어를 잘하지만 스페인어로 말하고 싶지 않아요.

· В Сибири зимой очень холодно и много снега, _____ летом очень жарко.
시베리아 겨울은 아주 춥고 눈이 많이 내리지만 여름에는 아주 덥습니다.

· Я много раз был в Москве, _____ никогда не был на Красной площади.
나는 모스크바에는 많이 가봤지만 붉은 광장에는 한 번도 못 가봤다.

· Я ни разу не ездил на море, _____ ты?
난 바닷가에 한 번도 가본 적 없는데 너는?

Q3 다음 스펠링을 정확하게 써보세요.

Я___л___ко   ___иза   Би___н___с

___н___мание   Кр___ссо___ки   Пер___кр___сток

Q1 Когда Саша возвращался <u>из</u> Москвы <u>в</u> Сеул <u>в</u> самолёте он случайно встретил Лену. Она сидела <u>справа</u> от него <u>у</u> окна. Они не видели друг друга десять лет. Саша предложил Лене встретиться и поговорить <u>в</u> кафе, <u>но</u> Лена сказала, что она работает и очень занята. Она предложила встретиться <u>через</u> неделю, и Саша согласился. Когда он вернулся домой, то понял, <u>что</u> забыл взять <u>у</u> Лены номер её телефона. Он хотел позвонить в аэропорт, <u>чтобы</u> найти её, но <u>в</u> аэропорту сказали, что не дают такую информацию. Саша искал Лену <u>целый</u> месяц, но так и не смог <u>найти</u>.

Q2 Саша живёт в городе, <u>а</u> его родители живут в деревне.
Я долго учил английский язык, <u>но</u> так и не смог сдать экзамен.
Лена хорошо знает испанский язык, <u>но</u> не хочет говорить по-испански.
В Сибири зимой очень холодно и много снега, <u>а</u> летом очень жарко.
Я много раз был в Москве, <u>но</u> никогда не был на Красной площади.
Я ни разу не ездил на море, <u>а</u> ты?

Q3 Я<u>бло</u>ко, <u>В</u>иза, Биз<u>н</u>ес, <u>В</u>н<u>и</u>мание, Кр<u>о</u>с<u>со</u>в<u>к</u>и, Пер<u>е</u>кр<u>ё</u>сток